Entspannungs-techniken

für den Alltag

Entspannungstechniken

für den Alltag

von Gertrud Teusen

Buch-Vertriebs-Gesellschaft Zürich-Wollerau

Inhalt

Vorwort
Den Kopf leer kriegen 6

Einleitung
Stress und Entspannung 10
Wege zu mehr Ausgeglichenheit 10

Der Weg ist das Ziel 19
Welcher Entspannungstyp sind Sie? 19
Test: Welcher Entspannungstyp sind Sie? 22

Der mentale Weg zur Entspannung 24
Meditation 26
Autogenes Training 32
Atemtechniken 43

Der fernöstliche Weg zur Entspannung 56
Yoga 58
Tai Chi 74
Do In 93

Der westliche Weg zur Entspannung 107
Progressive Muskelentspannung 108
Eutonie 114
Soft-Fitness 130

Der partnerschaftliche Weg zur Entspannung 147
Massagen von Kopf bis Fuß 147
Entspannungsmassage für Hände und Füße 148
Entspannungsmassage für Kopf und Gesicht 163
Entspannungsmassage für den ganzen Körper 169

Das Wohlfühl-Programm 192
Entspannung durch Wasser, Düfte und richtige Ernährung 192
Entpannung rund ums Wasser 193
Entspannung durch Düfte 208
Entspannung durch richtige Ernährung 213

Vorwort – Den Kopf leer kriegen

Eine asiatische Legende erzählt: Ein berühmter Professor aus der westlichen Welt besuchte einst einen Zen-Meister in der Hoffnung, bei ihm die wahren Geheimnisse der Meditation und Entspannung zu erfahren. Der Meister forderte den Gelehrten auf, mit ihm eine Tasse Tee zu trinken und schenkte aus einer großen Kanne ein. Er schien dabei gar nicht zu bemerken, dass die Tasse des Professors immer voller wurde und schließlich überzulaufen begann. Als bereits das ganze Tischtuch überschwemmt war, konnte der westliche Gelehrte nicht mehr an sich halten und sagte: »Sehen Sie denn nicht, dass meine Tasse schon längst randvoll ist?« – »Genau«, antwortete der Zen-Meister ganz ruhig. »Und ebenso sieht es auch in deinem Kopf aus: Er ist randvoll mit Gedanken und Erklärungen. Bevor du ihn nicht leer gemacht hast, werde ich dir nichts Neues mehr geben können.« Auf sehr elegante Weise hatte der Zen-Meister ein wichtiges Prinzip der fernöstlichen Entspannungsmethoden (insbesondere der Meditation) veranschaulicht: Das Loslassen von alten Verhaltens- und Denkmustern, um sich Neuem öffnen zu können.

Als ich begann, für dieses Buch zu recherchieren, war ich wie dieser westliche Professor. Mein Kopf war randvoll mit Ideen und Tips, mit Gedanken und Erklärungen. Aber ich war nicht so recht zufrieden, denn ich war noch auf der Suche nach einer ganz simplen Entspannungstechnik, die quasi ad hoc zum Erfolg führt. Als dieses Buch schon fast fertig war, hatte ich sie doch noch gefunden – die »schnelle« Entspannung. »Relaxation Response« heißt sie und wurde von dem amerikanischen Herzspezialisten Herbert Benson entwickelt. Benson hatte jahrelang geforscht und die Gemeinsamkeiten aller möglichen Entspannungstechniken herausgearbeitet. Dabei entdeckte er eine Methode, die eine angeborene Entspannungsreaktion unseres Körpers auslöst. Als Voraussetzung müssen zwei Bedingungen erfüllt werden:

1. Die Aufmerksamkeit muss sich auf einen Gedanken, ein Wort, ein Mantra, einen Ton, ein Bild oder einfach auf den eigenen Atem konzentrieren. Dies ist der »geistige Fokus«, dem es gelingen kann, die Flut der Alltagsgedanken zu stoppen und unseren Kopf zu leeren.
2. Man muss eine absolut passive Haltung gegenüber Ablenkungen und eindringenden Gedanken einnehmen. Das bedeutet, auftauchende Gedanken nicht ins Bewusstsein dringen zu lassen, sondern sich ganz und gar auf den »geistigen Fokus« zu konzentrieren.

Und so funktioniert »Relaxation Response«:

- Formulieren Sie innerlich Ihre Entspannungsabsicht, wählen Sie sich hierfür einen »geistigen Fokus«, zum Beispiel das Wort »Loslassen«.
- Suchen Sie sich eine ruhige Umgebung und machen Sie es sich bequem. Entspannen Sie dabei alle Muskeln.

- Atmen Sie langsam und ungezwungen. Bei jedem Ausatmen wiederholen sie in Gedanken Ihr Fokus-Wort. Machen Sie das so lange, bis sich dieser Vorgang quasi verselbständigt. Bleiben Sie passiv und lassen Sie auf keinen Fall ablenkende Gedanken zu.

Das klingt doch ganz einfach und ist es auch, doch zum schnellen Patentrezept reicht es trotz allem nicht ganz, denn im Anleitungstext lautet es weiter: »Machen Sie die Übung 10 bis 20 Minuten lang und zwar regelmäßig zweimal in der Woche«.
Zeit und Ruhe braucht man also auch für die »ganz schnelle« Entspannung. Doch woher soll man die nehmen in einer Welt, die von Anspannung und Hektik bestimmt ist? Um völlig entspannt durchs Leben zu gehen,

müsste man schon jener Zen-Meister sein und in der Abgeschiedenheit eines Klosters leben. Aber selbst da wäre man vor Störfaktoren und Stress wahrscheinlich nicht sicher. Davon abgesehen sind wir in unserer Gesellschaft auch vielen Anfeindungen und Verführungen ausgesetzt, die wir nicht einfach alle ignorieren wollen und können. Stress macht uns krank, besagt eine Binsenweisheit. Aber Stress ist eigentlich auch der Motor, der unser Leben in Gang hält. Was uns krank macht, ist der permanente Stress, den wir nicht durch Entspannung in seine Schranken weisen, sondern durch allerlei Mittelchen und Methoden noch verstärken. Nikotin und Alkohol, Vitaminpillen und chemische Entspannungskeulen verwischen die natürlichen Grenzen menschlicher Leistungsfähigkeit. Und wir sind deshalb in Gefahr, die Warnsignale unseres Körpers zu überhören. Die Lunge könnte vor einem kaputten Zigarettenautomaten so richtig durchatmen. Der Leber wäre es lieber, wenn wir uns für alte Möbel anstatt für alte Weine begeistern könnten. Das Herz würde einen Freudensprung machen, wenn aus der Kaffeemaschine wundersamerweise Kamillentee tropfen würde. Und unserem ganzen Körper wäre es sicher lieber, wenn das Idealgewicht unser Ideal wäre und wir nicht stattdessen rubensähnliche Körperformen anstrebten.

Im Prinzip wissen wir ja sehr gut, was für uns besser wäre. Im Kopf haben wir die vitaminreiche Rohkost und auf dem Teller einen Schweinebraten mit Kruste. Auf dem Nachttisch liegt ein medizinischer Ratgeber, und auf dem Couchtisch steht ein voller Aschenbecher. Die Aromalampe auf dem Kamin und das Glas Wein in der Hand. In unserem Alltag gibt es nicht nur Schwarz und Weiß, sondern auch alle Schattierungen des Grau. In der Theorie wissen wir sehr gut, was dazugehört ein langes und gesundes Leben zu führen, aber in der Praxis sind wir oft unvernünftig und genusssüchtig. Wir suchen im Dschungel guter Rat-

schläge nach Patentrezepten, aber sie zu finden heißt, an Weihnachten auf den Osterhasen zu warten.
Am Ende dieses Buches (ich schreibe das Vorwort immer zum Schluss) bin ich ganz schön gestresst. Ein Patentrezept für die perfekte Entspannung habe ich auch leider nicht zu bieten, dafür habe ich aber viele Wege gefunden, die uns der ersehnten Entspannung ein Stück näher bringen können. Ich persönlich habe ein Gefühl dafür entwickelt, wann mein persönlicher Stresspegel steigt und wann es Zeit wird, eine Entspannungspause einzulegen. Das ist der erste Schritt, den Sie im Einleitungskapitel noch einmal genauer nachvollziehen können. In den folgenden vier Kapiteln werden zwölf anerkannte Entspannungstechniken vorgestellt und jede durch einen ausführlichen Übungsteil veranschaulicht. Ein Kapitel ist der Entspannung zusammen mit einem Partner gewidmet. Ein »Wohlfühl-Programm« rundet das Buch ab. Es soll Ihnen zeigen, dass sich auch in den kleinen Selbstverständlichkeiten des Alltags viel Entspannungspotential verbirgt.

In diesem Ratgeber steckt eine aufwendige Recherche, die ich allein nicht hätte bewältigen können. Für die entspannte Zusammenarbeit danke ich deshalb meiner Kollegin Freya Blank.
An dieser Stelle möchte ich mich auch bei Jola Shiloni für die fachliche Beratung beim Zusammenstellen dieses Buches bedanken. Sie opferte viel Zeit, um diesen Ratgeber kompetent und engagiert zu betreuen.

Ich hoffe nun, dass Sie ganz entspannt und wohl eingestimmt an die Lektüre dieses Buches herangehen. Nehmen Sie sich Zeit, denn Ruhe ist die beste Voraussetzung zur perfekten Entspannung und der wichtigste Garant für mehr Ausgeglichenheit.

Aschheim,
im Sommer 1996

Gertrud Teusen

Stress und Entspannung

Wege zu mehr Ausgeglichenheit

Stress und Entspannung gehören zusammen wie kalt und heiß, oben und unten, gut und böse: Das eine ist nicht ohne das andere denkbar. Stress ist etwas, über das wir uns Gedanken machen und manchmal auch Sorgen. Entspannung hingegen sehen wir als etwas Selbstverständliches an, was einfach geschieht. Jede Sichtweise entpuppt sich bei näherer Betrachtung als nur die halbe Wahrheit. Deshalb lohnt es sich, den Begriffen auf den Grund zu gehen.

Noch nie wurde über ein Phänomen unserer Zeit so viel gesprochen und geschrieben. Stress ist in aller Munde und schon lange kein Privileg der Führungsetagen mehr. Babys leiden unter gestressten Müttern, Kinder unter Schulstress und Studenten unter Prüfungsstress. Singles haben Freizeitstress, Frauen haben Stress, durch die Doppelbelastung von Familie und Beruf und Männer verfluchen den Karrierestress. Und wir alle zusammen sind gleichermaßen Gefangene des Alltagsstresses, der durch Lärm, Verkehr und Hektik unser Befinden beeinflusst. Unbezahlte Rechnungen, steigende Mieten und stagnierende Löhne, langweilige Fernsehprogramme und unfähige Politiker nerven uns. Und als ob das alles nicht schon genug wäre, kommen täglich neue Belastungen hinzu: Überstunden, Termine, Familienstreit, Kleinkrieg im Büro, Ärger mit Versicherungen und Behörden. Kommen dann noch wirklich dramatische Situationen im Berufs- oder Privatleben hinzu, fühlen wir uns wie der Hamster im Laufrad, das sich immer schneller und schneller dreht. Den Zeitpunkt zum Aussteigen haben wir längst verpasst.

Wer das nervenaufreibende

Tempo zu lang und zu oft mitmacht, muss mit schwerwiegenden Folgen rechnen: Psychische Probleme und gesundheitliche Risiken sind vorprogrammiert. Wen wundert es also, dass Stress so ein negatives Image hat, obwohl er es nicht verdient. Denn Stress hat auch seine guten Seiten und gehört zum ganz normalen Leben – ebenso wie die Entspannung.

Was genau ist Stress?

Um es gleich vorweg zu nehmen: Stress ist kein Phänomen unserer Zeit.
Das Wort Stress kommt aus dem Englischen und bedeutet soviel wie Anspannung, Druck, Beanspruchung, Belastung. Ursprünglich wurde es jedoch von dem lateinischen Wort »strictus« abgeleitet, das »eng«, »straff« und »stramm« bedeutet. Hier hat auch das deutsche Wort »strangulieren« seine Herkunft. Und genauso fühlen sich Menschen, die unter Stress stehen: eingeengt und gefangen.
Für die Medizin wurde der Begriff »Stress« zuerst von dem kanadischen Physiologen Professor Dr. Hans Selye im Jahre 1936 definiert. Er umschrieb es als »erhöhte Beanspruchung, starke Belastung physischer und/oder psychischer Art«, auf die der Körper in typischer Weise reagiert. Er setzt im Körper einen Anpassungsmechanismus in Gang, der ganz natürlich und notwendig ist.
Schon die Steinzeitmenschen kannten Stress und empfanden ihn bestimmt als nützliche Einrichtung. Die Stressreaktion des Körpers ist in den Genen verankert, weil sie eigentlich dem Überleben dient. Droht eine Gefahr, wird sofort ein reflexartiger Angriffs- und Fluchtmechanismus aktiviert. Innerhalb kürzester Zeit ist der Mensch aufgrund seiner körperlichen Reaktionen flucht- oder kampfbereit. Der »Stress« verleiht ihm ungeheure Kräfte und setzt große Energien frei. Angesichts eines Mammuts war diese »Geheimwaffe« für die Steinzeitmenschen sicherlich oft überlebensnotwendig.

Was passiert im Körper bei Stresssituationen?

Reize und Signale von außen, aber auch Gedanken und Gefühle von innen lösen im Körper eine Kettenreaktion aus. Alle Sinnesorgane werden auf die Wahrnehmung weiterer Gefahrensituationen eingestellt, die Aufmerksamkeit konzentriert sich voll und ganz auf die Bewertung und Bewältigung der Krise. Von der Hirnanhangdrüse wird die vermehrte Produktion und Ausschüttung von Stresshormonen, im wesentlichen Adrenalin und Noradrenalin, angeregt. Es folgt eine blitzartige »Mobilmachung« des Körpers: Pulsschlag, Blutdruck und Atemfrequenz steigen, die Leber setzt Zucker (Glucose) als Energielieferant frei. Die Gerinnungsfähigkeit des Blutes nimmt zu, die Durchblutung der Haut und der Verdauungsorgane wird gedrosselt. Die Muskeln spannen sich an, das Nervensystem wird in Unruhe versetzt. Mit der Ausschüttung der Stresshormone wird auch vermehrt Kortisol produziert. Dieses verringert die körpereigenen Abwehrkräfte und fördert in der Leber die Umwandlung von Speicherstoffen wie Zucker.

Der Stressforscher Hans Selye hat die Stressreaktionen des Körpers in drei Stufen eingestellt:

1. Alarmreaktion: Erst kommt der Schock, der den Widerstand kurzfristig mindert, dann die Gegenreaktion, die Flucht- oder Angriffsbereitschaft aktiviert: Das Stresshormon Adrenalin wird ausgeschüttet; der Puls geht schneller, das Herz pumpt vermehrt sauerstoffreiches Blut durch den Körper; die Pupillen weiten sich, Muskelpartien spannen sich an. Im Gehirn werden Endorphine produziert, die die Schmerzempfindung vermindern und außerdem die Gerinnungsfähigkeit des Blutes steigern.

2. Widerstand: In diesem Moment passt sich der Körper vollkommen an die gefährliche Situation an: Angriff oder Flucht – für beides sind jetzt genügend Kräfte vorhanden. Danach kehren die Körperreaktionen zu einem Normalmaß, einem Gleichgewicht zurück.

3. Erschöpfung: Hält der Stressreiz zu lange an oder überfordert er den Menschen, dann brechen die Anpassungs- und Durchhaltemechanismen zusammen: Die körperliche und seelische Reizschwelle sind herabgesetzt, man ist nicht mehr belastbar und wird schneller krank.

Bedenkt man die Situation der Steinzeitmenschen, so war diese natürliche Stressreaktion ein probates Mittel zum Überleben. Doch die Zeiten haben sich geändert, wir sind inzwischen »zivilisiert«: Weglaufen oder kämpfen können wir in unserer heutigen Welt kaum noch – wir müssen zumeist verharren. Unser genetisches Programm funktioniert aber in gleicher Weise, als lebten wir noch in der Steinzeit. Stress alarmiert den Körper, doch die Möglichkeit des Abreagierens, des Entladens der bereitgestellten Energien fehlt oder ist zumindest sehr gering. Die angestauten Energien richten sich, wenn sie ungenutzt bleiben, dann häufig gegen den eigenen Körper. Ist der Stress nur vorübergehend, fängt der Organismus die Auswirkungen des Alarmzustands auf. Bei Daueralarm dagegen bleibt der Körper unter Hochspannung, was sich beispielsweise durch einen beschleunigten Puls und hohen Blutdruck zeigt. Dann genügt oft schon ein nichtiger Anlass, den Körper wieder auf Hochtouren zu bringen. Die Folge: Wir fühlen uns überfordert und sind nervös.

Hat Stress auch seine guten Seiten?

Die Stressforschung unterscheidet in der Tat zwischen positivem und negativem Stress. Im wesentlichen ist es eine Sache der persönlichen Einstellung, deshalb ist Stress nicht gleich Stress. Der Forscher Selye unterschied in seinen Untersuchungen folgendes:

1. Beim sogenannten »Eustress« wird eine schwierige Situation als positive Herausforderung angesehen, die es erfolgreich zu bewältigen gilt und die wir sogar genießen können. In dieser Stresssituation sind wir

hoch konzentriert, äußerst leistungsfähig und motiviert. Hier wird Stress zum eigentlichen Motor des Erfolgs.
2. Beim sogenannten »Distress« erleben wir eine schwierige Situation, die uns völlig überfordert. Wir fühlen uns dem Stress ausgeliefert, sind handlungsunfähig und erschöpft. Dieser negative Stress macht krank.
Der Begriff Stress, so Selye, bezeichnet lediglich einen körperlichen Erregungszustand, nicht aber die auslösenden Ursachen. Verantwortlich für Stress sind die Stressoren. Dabei kann es sich um Signale und Reize aus der Umwelt, wie zum Beispiel Krankheitserreger, Verletzungen, Enttäuschungen und Streit handeln, aber auch um selbstgemachte Probleme und überzogene Selbstansprüche.
Die amerikanischen Stressforscher Dr. Thomas Holmes und Richard Rahe stellten eine Stressoren-»Hit-Liste« auf und bewerteten sie mit bis zu 100 Punkten. Nach ihren Forschungen ist der Stressor mit dem höchsten Wert »der Tod des Ehepartners«.

Stressfaktoren und ihre Bewertung

	Punkte
Tod des Ehepartners	100
Scheidung	73
Trennung vom Partner	65
Tod eines Angehörigen	63
Eigene Verletzung oder Krankheit	53
Heirat	50
Verlust des Arbeitsplatzes	47
Versöhnung mit dem Ehepartner	45
Schwangerschaft	40
Sexuelle Schwierigkeiten	39
Finanzielle Probleme	38
Wohnungswechsel	20
Veränderte Essgewohnheiten	15
Urlaub	13
Weihnachten	12

Bei genauer Betrachtung dieser Hitliste stellt man fest, dass nicht nur negative Situationen oder echte Krisen einen nennenswerten Stressor beinhalten. Auch freudige Ereignisse wie Heirat, Schwangerschaft, Urlaub oder Weihnachten verursachen Stress. Negative wie positive Lebensereignisse gleichermaßen zwingen uns zur Anpassung an veränderte Situationen, zum Umdenken. All dies löst im Körper eine Stressreaktion aus, mit der er fertig werden muss.

Ist Entspannung das Allheilmittel gegen Stress?

Nein. Entspannung ist vielmehr die logische Konsequenz, die notwendige Ruhepause, die der Körper braucht, um sich zu regenerieren. Ein Blick in andere Kulturkreise macht deutlich, dass dort Ruhe und Entspannung fester Bestandteil des Alltags sind. Denkt man nur an die »Siesta«, wie sie in fast allen südlichen Ländern praktiziert wird, oder die weite Verbreitung von Yoga und Meditation im asiatischen Raum. Die Menschen in diesen Ländern nehmen sich Zeit für Entspannung – nur wir scheinen das verlernt zu haben. In westlichen Ländern steht das Streben nach Leistung und Aktivität im Vordergrund, sich einfach hinsetzen und einmal nichts tun, gilt als vergeudete Zeit. Die Anerkennung durch Karriere und materielle Güter wird zum Lebenssinn schlechthin hochstilisiert. Erst wenn der Stress uns krank gemacht hat, kommen wir zur Besinnung und zu der Erkenntnis, dass es vielleicht doch noch etwas anderes im Leben gibt.

Was ist Entspannung?

Zu kaum einem anderen Thema gehen die Meinungen so weit auseinander und kursieren so viele Missverständnisse. Unter Entspannung verstehen die meisten Menschen die Erholung des Körpers von den Anstrengungen des Alltags und vom Stress. Wie diese Erholung aussehen kann, darüber gibt es viele unterschiedliche Meinungen – das Spektrum reicht von »Füße hochlegen« bis zum Mittagsschlaf, vom Fernsehschauen bis zum Sporttreiben. Jeder entspannt sich anders und die meisten entspannen sich falsch. Denn nicht nur der Körper braucht Zeit zur Regenerierung, auch die Seele möchte mal frei »baumeln« können. Entspannung bedeutet nicht nur, auszuruhen und zu schlafen. Jemand, der den ganzen Tag am Schreib-

tisch gesessen hat, entspannt sich besser und effektiver bei einem kleinen Spaziergang. Wer hingegen den ganzen Tag herumgehetzt ist, für den ist ein heißes Bad sicher die bessere Alternative. Wichtig ist es bei jeder Art von Entspannung, dass für diese Zeit alle störenden Gedanken in den Hintergrund gedrängt und die Sinne nicht durch erneute Reize überflutet werden.
Diese Beispiele machen deutlich, worum es bei Entspannung eigentlich geht – nämlich um Ausgleich und Ausgeglichenheit: Aktivität lässt sich durch Passivität ausgleichen und umgekehrt.

Ist Entspannung eine Kunst oder eine Technik?

Entspannung ist beides, wobei die Kunst das Ziel ist und die Technik der Weg dorthin. In unserem westlichen Kulturkreis neigen wir mehr zu den Begriffen »Technik« oder »Methode«, weil die uns Handfestigkeit suggerieren und Nachvollziehbarkeit vorgaukeln. Aber auch die Entspannung, die der Körper braucht, beginnt im Kopf – und nur ganz selten ist es mal umgekehrt.
Das biologische Gegenprogramm zu Stress ist Entspannung – sie dämpft und beruhigt das Gesamtsystem. Aber Entspannung tritt nicht automatisch ein, sie braucht Zeit und muss willentlich herbeigeführt werden. Anstatt uns auf die ursprünglichen Entspannungsweisen zu besinnen, wählen wir lieber welche aus der breiten Angebotspalette zum Teil dubioser, selbsternannter Entspannungsapostel aus. Ob Meditation oder Mind-Maschine, Yoga oder Jogging – wir haben die Wahl und die Qual. Ganz gleich, ob Kunst oder Technik, folgende Punkte sollten Sie beachten:

- Entspannung ist ein angeborenes, jederzeit verfügbares Bio-Programm des Körpers, das sich im Grunde mit einem Minimum an Wissen aktivieren lässt.
- Entspannung lässt sich nicht erzwingen, auch nicht durch ausgeklügelte High-Tech-Geräte. Vielmehr ist es wichtig, die

Signale des gestressten Körpers nicht zu ignorieren und zu übergehen, sondern bewusst wahrzunehmen.

- Entspannung braucht Zeit, Übung und vor allem Regelmäßigkeit. Sie steht nicht auf Knopfdruck abrufbereit und man kann sie nicht auf Vorrat speichern. Zu glauben, dass man im Urlaub »auftankt«, ist oft ein Märchen.
- Entspannung ist nicht nur körperlicher Ausgleich für Stress, sondern auch Psycho-Hilfe gegen Ängste, Frustration und vor allem Basis für geistiges und psychisches Wachstum. Sie fördert Konzentration, Kreativität und Aufnahmefähigkeit.
- Entspannung ist individuell und sehr persönlich. Die Suche nach der geeigneten Entspannungsmethode darf deshalb nicht zum Problem werden und nicht in Stress ausarten.

Wann ist es an der Zeit, mal abzuschalten?

Die Frage nach dem richtigen Zeitpunkt erscheint überflüssig und dennoch fällt es uns schwer, die Signale unseres Körpers richtig zu deuten. Wir versuchen unseren Körper durch »Pseudo-Entspannung« auszugleichen. Mittel der Wahl sind Alkohol und Nikotin, Tabletten und Kaffee, aber auch schnelle Ablenkungen und rauschhafte Einkaufsbummel, ebenso wie rigide Fitness- und Gesundheitsprogramme. Der so gestresste Körper findet kaum noch die Ruhe, sich davon zu erholen. Entspannung beginnt im Kopf – und der Körper ist dankbar.
Eine Volksweisheit besagt »In der Ruhe liegt die Kraft« – und damit ist eigentlich schon alles gesagt. Wer sich bewusst für Entspannung entscheidet, hat den ersten Schritt in diese Richtung bereits getan. Haben Sie das Ziel fest vor Augen, gilt es nur noch, den richtigen Weg zu finden. Eine Hilfe dabei sollen die nun folgenden Seiten sein.

Stresssymptome

Bereich	Mögliche Symptome
Psyche	Allgemeine Schwäche und ständige Müdigkeit, Konzentrationsschwierigkeiten und Vergesslichkeit, Angst- und Panikattacken, Wut und Launenhaftigkeit, Schlaflosigkeit und Alpträume, Juckreiz, Weinkrämpfe usw.
Herz und Kreislauf	Schneller Puls, Herzklopfen, Schwindel, Erröten, kalte Hände und Füße
Muskelverspannungen	Kopfschmerzen, Rückenschmerzen, Stottern, Zittern der Lippen, Hände und Augenlider, Zähneknirschen
Atmung	Atemnot, häufiges Seufzen
Verdauung	Zuviel Appetit oder zuwenig, Sodbrennen, Brechreiz, Magenschmerzen
Flüssigkeitshaushalt	Schwitzen, nasse Hände und Füße, Schluckbeschwerden, trockener Mund, Durchfall, Verstopfung
Immunsystem	langwierige Erkältungen, häufige Infektionen, Allergien
unbewusste Kompensationsmaßnahmen	steigender Alkohol- und Zigarettenkonsum, impulsive Großeinkäufe, häufige Tabletteneinnahme

Der Weg ist das Ziel

Welcher Entspannungstyp sind Sie?

Mit dem Kauf dieses Buches haben Sie einen wesentlichen Schritt in die richtige Richtung getan. Sie haben »ja« gesagt zur Entspannung, Sie haben auf Geist und Körper gehört und sind bereit, sich bewusst mit dem Thema Entspannung zu beschäftigen. Im Laufe dieses Buches werden vier Wege zur Entspannung aufgezeigt. Sie sind alle sehr unterschiedlich und haben nur das angestrebte Ziel gemeinsam. Da auch Menschen verschieden sind, müsste jeder Typ eine ihm angenehme Entspannungsmethode finden. Nun macht es natürlich wenig Sinn, die Entspannungsmethoden von eins bis zwölf durchzuarbeiten, das würde nur Stress bedeuten – einen unnötigen noch dazu. Aus diesem Grund sind die nun folgenden Seiten so wichtig, denn sie können Ihnen den gezielten Weg zu einer oder mehreren Methoden weisen, die Ihren Vorstellungen am nächsten kommen.

Vorweg sei nur noch einmal bemerkt: Ruhe und Zeit brauchen Sie für jeden Weg zur Entspannung, ebenso wie eine gewisse Regelmäßigkeit.

Die Bewertung der folgenden Kriterien soll Ihnen die Auswahl erleichtern:

»Zeitaufwand etwa 20 Minuten«

Schätzen Sie ehrlich ein, wieviel Zeit für die Entspannung Sie täglich aufwenden können. Rubriken mit einem Doppelstern weisen darauf hin, dass man in der Anfangsphase garantiert mehr oder weniger als 20 Minuten brauchen wird.

»Kosten«

Taucht hier ein Stern auf, so sollten Sie in der Regel einen Kurs besuchen, um diese Entspannungsart perfekt erlernen zu können.

»Entspannung durch Ruhe«
Diese Entspannungsmethoden sind nicht oder nur zum geringen Teil mit körperlicher Aktivität verbunden. Sie brauchen also auch nicht viel Platz, um zu üben. Sie sind ideal für Menschen, die den ganzen Tag auf den Beinen sind und für die Ruhe der perfekte Ausgleich ist.

»Entspannung durch Aktivität«
Diese Entspannungsmethoden sind mit körperlicher Anstrengung verbunden. Sie brauchen also auch Platz zum Üben. Sie sind ideal für Menschen, die den ganzen Tag sitzen und für die Aktivität der perfekte Ausgleich ist.

»Sportlicher Typ«
Manche Entspannungsmethoden erfordern eine gewisse, wenn auch geringe, körperliche Fitness, um sie perfekt zu beherzigen.

»Unsportlicher Typ«
Manche Entspannungsmethoden erfordern keine besonderen körperlichen Voraussetzungen. Jeder, der Ruhe bevorzugt, kann sie nachmachen.

»Solo«
Die meisten Entspannungsmethoden führt man alleine durch.

»Mit Partner«
Einige jedoch erfordern einen Partner oder können zum Teil nur mit Hilfe einer zweiten Person ausgeführt werden.
Handhabung des Tests:

- Prüfen Sie zunächst die Spalte »Gesundheitliche Einschränkungen« und streichen Sie, was für Sie dadurch nicht in Frage kommt.
- Dann checken Sie, ob Sie die erforderlichen »Voraussetzungen« in Kauf nehmen wollen – sie bedeuten immer einen zeitlichen Mehraufwand.
- Bei den weiteren Kriterien stufen Sie Ihre Wünsche und Fähigkeiten ein und addieren die Zahl der Sterne im jeweiligen Feld.

Der Entspannungsweg mit den meisten Punkten (maximal 8) dürfte für Sie am interessantesten sein.

Das, was in diesem Test nicht abgefragt werden kann, ist die ganz persönliche Einstellung zum Thema »Entspannung«. Die Vorleistung besteht darin, dass Sie »ja« zur Entspannung sagen und sie nicht den Zwängen des Alltags unterordnen, sondern als eigene Notwendigkeit einstufen. Die Fähigkeit zur Entspannung wurde uns allen in die Wiege gelegt, wir haben sie nur vergessen, weil uns so viele andere Dinge wichtiger erschienen. Entspannung bedeutet auch, der Regeneration von Körper und Geist wieder den Stellenwert einzuräumen, den sie verdient.

Und zu guter Letzt ist Entspannung auch das Zurückgewinnen eines gesunden Egoismus. Sich mit sich selbst zu beschäftigen fällt uns vielleicht zunächst schwer. Es ist aber eine Erfahrung, die sich lohnt und die uns hilft den Alltag besser zu meistern.

Test: Welcher Entspannungstyp sind Sie?

Bedingungen/ Entspannungswege	Gesundheitliche Einschränkungen	Voraussetzungen	Zeitaufwand – 20 Min.	Zeitaufwand + 20 Min.	Kosten
Meditation		1		xx	
Autogenes Training	4	1, 2		x	x
Atemtechniken			x		
Yoga	5	1, 3		x	x
Tai Chi		1		x	x
Do In	6	3		x	
Progressive Muskelentspannung	7		x	x	
Eutonie	8			x	x
Soft-Fitness	9			x	
Hand- & Fuß-Massage	10			x	
Kopf- & Gesichts-Massage	11			x	
Ganzkörper-Massage	12			x	
Relaxation Response		2	xx		
Wasser-Gymnastik				x	x 13

1 Atemtechniken
2 Progressive Muskelentspannung
3 Aufwärmübungen, siehe Soft-Fitness
4 Herz-Kreislauf-Probleme, Magen-Darm-Beschwerden, Migräne und psychische Erkrankungen
5 Bluthochdruck, Wirbelsäulen- und Gelenkprobleme
6 Rücken- und Bandscheibenprobleme
7 Niedriger Blutdruck

Entspannung durch Ruhe	Entspannung durch Aktivität	Sportlicher Typ	Unsportlicher Typ	Solo	mit Partner	Ihr Ergebnis
xx			xx	xx		
xx			xx	xx		
xx	x	x	x	x		
x	xx	xx	x	x		
x	x	x	x	x		
	x	x	x	x		
xx			x	x	x	
x			x	x		
	xx	xx		x		
xx		x	x	x	xx	
xx		x	x	x	xx	
xx		x	x		xx	
xx			xx	xx		
			x	x	x	

8 einige Übungen können bei Ischiasbeschwerden und Rückenproblemen nicht durchgeführt werden
9 einige Übungen können bei Kniegelenkproblemen nicht durchgeführt werden
10 Hand- und Fußgelenkprobleme
11 Entzündungen im Gesichtsbereich
12 Rücken- und Bandscheibenprobleme, Hüftschäden, Gelenkerkrankungen
13 Schwimmbad erforderlich

Der mentale Weg zur Entspannung

Meditation, Autogenes Training, Atemtechniken

Stress und Hektik bestimmen unser Leben, kaum bleibt die Zeit für Ruhe und Entspannung. Im Trend liegt es, seinem Körper etwas Gutes zu tun, einen Ausgleich anzubieten. Je nach persönlichem Geschmack schindet man sich im Fitnessstudio, malträtiert die Muskeln an Kraftmaschinen, lässt Bälle springen oder schwingt das Tanzbein. Bei all dem Aktivismus bleibt für Ruhe und Entspannung wenig Zeit.

Dass bewusste Entspannung im Kopf beginnt, wollen viele Menschen dabei nicht wahrhaben. Mit dieser Erkenntnis ist jedoch gleichzeitig der Bogen gespannt, der die drei Entspannungsmethoden in diesem Kapitel verbindet. Meditation, Autogenes Training und Atemtechnik können viel zur Entspannung beitragen, eröffnen sie uns doch die Möglichkeit, die Harmonie von Körper und Seele herzustellen. Schnelle Erfolge können Sie allerdings von diesem Weg der Entspannung nicht erwarten, denn auch der mentale Weg benötigt Geduld und Zeit, um seine Wirkung voll zu entfalten. Die Erfolge hingegen, beispielsweise des Autogenen Trainings, können sich sehen lassen. Beherrscht man den mentalen Weg zur Entspannung, ist innere Ruhe (fast) jeder Zeit abrufbereit.

Meditation verfügt über eine jahrtausendealte Tradition, sowohl im östlichen als auch im westlichen Kulturkreis. Leider ist diese Konzentrations- und Entspannungsmethode durch zwielichtige Gurus der Neuzeit in Verruf geraten. Dennoch bietet Meditation eine Möglichkeit, sich wirklich tief und bewusst zu entspannen, so dass selbst schlimmste Stresssituationen von einem abperlen. Tiefenentspannung, wie es die Meditation ermöglicht, macht uns immun gegen Alltagsärger und Angst, stärkt das Selbstbewusstsein und lindert Krankheiten. Die Meditation ist in ihrer Gesamtheit ein weites Feld.

Dieses Kapitel beschränkt sich auf die Vorstellung von vier einfachen Meditationsübungen, die dem Neuling einen Einblick ermöglichen.

Autogenes Training ist eine klassisch-westliche Methode der Entspannung. Ihr »Erfinder« benutzte seine Erfahrungen mit Hypnose und entwickelte daraus eine Technik zur konzentrierten (suggestiven) Selbstentspannung. Die Technik ist einfach: Durch Formeln erlernt man, ein bestimmtes Körpergefühl hervorzurufen. Innere Ruhe tritt ein, die Anspannung der Muskeln wird vermindert, die Blutgefäße weiten sich, der Atem wird ruhig und der Puls geht gleichmäßig. Autogenes Training erlernt man schrittweise, die ersten sechs Übungsschritte sind in diesem Kapitel beschrieben. Damit allein lässt sich noch nicht sehr viel ausrichten, eine intensivere Beschäftigung ist auf jeden Fall notwendig. Dann allerdings verspricht diese Methode jederzeit und überall gute Entspannungsperspektiven.

Atemtechniken gehören zu jeder Art der Entspannung einfach mit dazu. Am Anfang steht allemal die Erkenntnis, dass wir westlichen Menschen in der Regel falsch, weil zu oberflächlich atmen. Wir nutzen die Kapazität unserer Lungen nicht aus, atmen vorzugsweise durch den Mund und nicht, wie es richtiger wäre, durch die Nase. Der Atem hat für unseren Körper eine ganz zentrale Bedeutung: Wir ringen nach Luft, wenn wir Angst haben, es schnürt uns die Luft ab, wenn wir uns ärgern oder wütend sind. Das alles lassen wir zu – und scheinen vergessen zu haben, dass Atem auch Leben bedeutet und dass bewusstes Atmen Entspannung bringen kann. Dementsprechend können Atemübungen dazu beitragen, dass wir bewusst entspan-

nen. Sie sind aber auch Teil vieler anderer Entspannungstechniken, wie zum Beispiel des »Yoga«, das auf Seite 58 vorgestellt wird.
Der mentale Weg zur Entspannung hat kein Ex-und-Hopp-Entspannungsprogramm zu bieten, dafür zeigt er Wege auf, die eine nachhaltige Entspannung möglich machen. Vorausgesetzt werden in diesem Fall Interesse und Geduld, eine Entspannungsmethode zu erlernen. Hat man jedoch die anfängliche Durststrecke überwunden, sind die Einsatzmöglichkeiten universell und die Erfolge von Dauer.

Meditation

Meditation ist nichts Neues. Zu allen Zeiten und in allen Kulturen wurde meditiert, im japanischen Zen-Buddhismus wie im chinesischen Taoismus, im Islam wie im Christentum. Leider ist Meditation heute zur Modeerscheinung verkommen, die einem an jeder Ecke ins Auge springt und nicht immer ihrem eigentlichen Sinn nach betrieben wird.
Die wahre Meditation ist, richtig angewandt, eine wunderbare Entspannungsweise, die man überall für sich einsetzen kann, um sich bewusst von Stress und Sorgen zu lösen.

Meditation – was ist das?

Der Begriff Meditation ist mehrdeutig und geht auf das lateinische Wort »meditatio« zurück, das »Versenkung in etwas«, das »sinnende Betrachten von etwas« bedeutet. Aber auch das dazugehörige Verb »meditari« gibt Hinweise auf den eigentlichen Sinn des Begriffs: Es heißt soviel wie »hinwandern«, »zur Mitte gehen« oder »zur Mitte hingegangen werden«. Diese Definitionen machen deutlich, dass Meditation nichts ist, was man vorantreiben oder erzwingen kann, sondern dass es die Kunst des Loslassens ist, die es zu erlernen gilt. Das fällt uns Menschen in einer durch Verstand geprägten Welt nicht ganz leicht, charakteristisch für uns ist gerade diese Verstandesarbeit, die den emotionalen Bereich so gern verdrängt. Wer meditieren will, muss lernen, den Verstand auszuschalten, mit dem Ziel, innere Ruhe und Entspannung zu finden.

Meditation und Entspannung

Durch Meditation können Sie die vollkommene Entspannung erlangen. Zugleich ist es aber ein Weg, der schwer zu beschreiten ist, müssen Sie doch die übliche Denkweise ablegen oder vorübergehend abschalten. Meditieren zu erlernen erfordert Geduld und Selbstdisziplin, denn nur damit lässt sich eine Harmonie von Körper und Geist erreichen. Diese lässt sich nur herstellen, wenn es gelingt, die Alltagsgedanken in den Hintergrund zu drängen. Sorgen, Ärger und Verstrickungen verlieren damit an Bedeutung, bewusste Entspannung wird möglich.
Es gibt unterschiedliche Formen und Techniken der Meditation. Den hier vorgestellten ist gemeinsam, dass sie das Bewusstsein ganz auf etwas konzentrieren (einen Gegenstand, ein Wort, ein Musikstück oder den eigenen Atem) und sich somit von den alltäglichen Gedanken ablenken. Man nennt diese Konzentration »intensive Betrachtung« und sie wirkt so, als ob Sie ein Objekt durch ein Vergrößerungsglas beobachten.

Meditation im Alltag

Beherrscht man den einen oder anderen Weg der Meditation, so ist diese Entspannungsweise überall und jederzeit einsetzbar. Meditation jedoch zunächst einmal zu erlernen erfordert Geduld, Zeit und Regelmäßigkeit. Das Schwierigste dürfte dabei zunächst sein, sich beim Meditieren durch nichts und niemanden ablenken zu lassen. Wenn Sie also zu Hause meditieren wollen, schalten Sie am besten die Klingel und das Telefon ab, entfernen alles aus Ihrem Blickfeld, was Ihr Interesse ablenken könnte. Darüber hinaus müssen Sie für eine gewisse Regelmässigkeit sorgen. Zum Beispiel

durch ein kleines, persönliches Ritual (Anzünden einer Kerze), das Sie auf die Meditation einstimmt.
Wird Meditation zur Gewohnheit, können Sie sie jederzeit und überall zur bewussten Entspannung einsetzen.

Zu den Übungen

Auf den folgenden Seiten werden Ihnen zunächst zwei Grundhaltungen erklärt, die für eine entspannte Meditation notwendig sind. Darüber hinaus wurden vier Meditationen ausgewählt, die auch für einen Anfänger nachvollziehbar sind und zum Erfolg führen können. Die vier Übungen erscheinen Ihnen vielleicht als sehr einfach und doch erfüllen sie ihren Zweck. Nicht immer müssen es nur die schwierigen Techniken sein, die zum wahren Erfolg führen.
Wieviel Zeit Sie für das Meditieren aufwenden, hängt von Ihrer Geduld ab. Anfangs sollten es aber mindestens zehn Minuten, zweimal am Tag sein.
Das wichtigste für eine gelungene Meditation ist die Atmung. Etwas später in diesem Kapitel werden Atemtechniken vorgestellt, auch die für eine Meditation notwendigen Atemübungen sind dort (Seite 43) beschrieben. Schauen Sie sich also diesen Abschnitt genau an, bevor Sie mit der ersten Meditation beginnen.

Meditation auf einen Blick

Meditation – für wen: Für Menschen, die Zeit und Geduld haben.
Kleidung: möglichst bequem.
Kosten: keine.
Gesundheitliche Einschränkungen: keine.
Mögliche Voraussetzungen: Atemtechniken (Seite 43.)

Meditationshaltungen

Es gibt zwei richtige Haltungen für eine Meditation. Meditieren Sie niemals im Liegen, dabei wäre die Gefahr einzuschlafen zu groß. Meditation erfordert »Wach-Sein«.

Der Lotussitz

Der Lotussitz
Sie sitzen auf dem Boden im Schneidersitz. Legen Sie den rechten Fuß auf den linken Oberschenkel und den linken Fuß auf den rechten Oberschenkel. Die Fußsohlen zeigen nach oben und die Knie berühren den Boden. Die Hände ruhen auf den Knien, die Handinnenflächen zeigen nach oben, Zeigefinger und Daumen berühren sich. Der Rücken bleibt gerade. Alternative: Diesen Lotussitz zu beherrschen ist schwer. Sie können sich auch in den Schneidersitz setzen und sich als Unterstützung ein Meditationskissen (im Fachhandel) oder eine Decke (auf ca. 20 cm Höhe gefaltet) unter den Po schieben. Die Knie fallen so automatisch

in Richtung Boden – eine Vorstufe zum perfekten Lotussitz.

Gerades Sitzen

Wem der Lotussitz zu schwierig oder zu unbequem ist, der kann sich auch einfach auf einen Stuhl setzen. Wichtig ist dabei, die Wirbelsäule absolut gerade zu halten. Die Fußsohlen stehen auf dem Boden, die Hände ruhen auf den Knien.

Übung 1
Konzentration auf ein Objekt

Bei dieser Übung lernen Sie, Ihr Bewusstsein ganz auf ein Objekt auszurichten. Wählen Sie beispielsweise eine brennende Kerze oder einen Kreis, den Sie auf ein Blatt Papier zeichnen und an die Wand hängen, aus. Stellen Sie das Objekt so, dass Ihre Augen etwa im 45-Grad-Winkel darauf hinabschauen, also zum Beispiel auf einen Tisch. Der Hintergrund sollte neutral sein und keine weiteren ablenkenden Gegenstände sollten das Blickfeld stören. Setzen Sie sich in einem halben bis einen Meter Abstand zu dem Objekt in die Meditationshaltung. Lassen Sie nun Ihre Augen auf dem Objekt ruhen, aber starren Sie es nicht an. Überlegen Sie auch nicht, aus welchem Wachs die Kerze geformt ist oder welchen Stift Sie zum Malen des Kreises verwendet haben. Lassen Sie das Objekt einfach in Ihr Bewusstsein eindringen, sehen Sie durch es hindurch. Nach zehn bis 15 Sekunden lenken Sie Ihren Blick auf eine andere Stelle weitab des Objektes. Ihre Aufmerksamkeit ist nun vom Objekt abgelenkt. Dann wenden Sie sich wieder dem Meditationsobjekt zu. Wechseln Sie insgesamt fünf Minuten zwischen Hinschauen und Wegschauen. Dann schließen Sie die Augen für zwei Minuten, atmen Sie tief und ruhig ein und aus. Dann ist die Meditation beendet.
Was Sie unbedingt beachten sollten: Stellen Sie, während Sie das Meditationsobjekt betrachten, Ihre Alltagsgedanken ab. Das intensive Betrachten sollte nicht zwanghaft sein und keine geistige Anstrengung bedeuten.

Übung 2
Konzentration auf Musik
Das Meditieren zu Musik bedeutet, dass Sie sich ganz auf Ihren Gehörsinn konzentrieren. Sie können dazu eine Meditationsmusik verwenden, aber auch indische Sitarmusik. Das Ziel dieser Übung ist nicht, bei der Musik zu entspannen, sondern sich durch die Wirkung der Klänge zur Meditation führen zu lassen. Die Musik ist also Mittel zum Zweck, das Ziel mit dem Gehörten zu verschmelzen, eins mit ihm zu werden.
Nehmen Sie also die Meditationshaltung ein, atmen Sie ein paarmal tief und ruhig ein und aus (Bauch-Zwerchfell-Atmung), und schließen Sie die Augen. Lauschen Sie den Klängen der Musik, versuchen Sie nicht, sie zu analysieren, sondern lassen Sie sich einfach tragen und spüren Sie die Schwingungen in Ihrem Innern. Gedanken, die aufsteigen, lassen Sie einfach laufen, verfolgen Sie sie nicht. Am Ende der Meditation lassen Sie die Musik nachwirken, atmen Sie tief und ruhig, dann öffnen Sie die Augen.
Wichtig: Verwenden Sie nur instrumentale Musik, es eignen sich klassische Stücke ebenso wie traditionelle asiatische Klänge.

Übung 3
Konzentration auf die Atmung
Diese einfache Meditationsübung können Sie, wenn Sie sie beherrschen, überall und jederzeit durchführen.
Nehmen Sie Ihre Meditationshaltung ein. Wenn Sie ausatmen, spüren Sie, wie der Atem durch den Mund entweicht. Spüren Sie beim Einatmen, wie der Atem innen an der Nasenschleimhaut entlangstreicht. Konzentrieren Sie sich nur auf den Atemstrom in der Nase. Gelingt Ihnen das problemlos, können Sie die Übung ruhig erweitern.
Konzentrieren Sie sich beim Atmen auf die Nasenwurzel zwischen Ihren Augenbrauen. Hier ist der Sitz des »dritten Auges«. Richten Sie beim Ein- und Ausatmen Ihre Aufmerksamkeit auf diese Stelle. Beide Atem-Meditationen führen Sie

einige Minuten lang durch, dann atmen Sie tief und ruhig ein und aus.

Übung 4
Konzentration auf ein Mantra
Ein Mantra ist ein Wort (oder ein Satz), auf das Sie sich konzentrieren. Dieses Wort muss für Sie mit Ruhe und Harmonie verknüpft sein, es darf keine gefühlsmäßige oder begriffliche Bedeutung für Sie haben – vor allem aber muss es wohlklingend sein. Ein berühmtes Mantra ist das Wort »Om«, was soviel bedeutet wie »Amen«. Man kann auch das Wort »Mandala« wählen, es kommt aus dem Sanskrit und bedeutet »Kreis«. Manche Menschen tun sich leichter, wenn Sie ein Wort aus ihrer Sprache wählen, zum Beispiel »Liebe«, »Frieden« oder »Harmonie«.
Nehmen Sie Ihre Meditationshaltung ein, schließen Sie die Augen und atmen Sie ruhig und gleichmäßig. Sprechen Sie Ihr Mantra langsam und rhythmisch ein paarmal laut aus und lauschen Sie dem Klang Ihrer Stimme. Diese wird nun allmählich leiser, bis Sie sich Ihr Mantra nur noch innerlich vorsagen. Dann denken Sie Ihr Mantra. Nach einer Weile atmen Sie bewusst tief ein und aus. Öffnen Sie die Augen und entspannen Sie sich.

Autogenes Training

Aus den positiven Erfahrungen mit der Hypnose entwickelte der Berliner Psychiater J. H. Schultz in den 20er Jahren das Autogene Training. Es ist heutzutage die wohl bekannteste Technik zur Selbstentspannung. Was diese Entspannungstechnik so faszinierend macht, ist die Tatsache, dass man wirklich gar keine Hilfsmittel oder Voraussetzungen braucht. Ein bisschen Zeit und Geduld genügen, um das Autogene Training zu erlernen. Darüber hinaus ist Autogenes Training ideal für gestresste Menschen, denn es ist, einmal erlernt, überall und jederzeit einsetzbar. Entspannung wird (fast) wie von selbst möglich.

Autogenes Training und Entspannung

Stress und Anspannung wirken sich nicht nur auf den Geist, sondern auch auf den Körper aus. Eine zentrale Rolle spielt dabei das vegetative Nervensystem. Durch das Autogene Training lernen wir das vegetative Nervensystem zu beeinflussen und im besten Fall zum »Umschalten« zu bringen. Wenn Sie sich beispielsweise gestresst fühlen, wird der Sympathikusnerv aktiv: Er verengt die Arterien, der Blutdruck steigt, die Muskeln rund um die Blutgefäße verspannen sich. Beeinflussen Sie nun mittels Autogenem Training das vegetative Nervensystem, so können Sie die Blutgefäße erweitern, der Blutdruck sinkt wieder und Muskelverspannungen lösen sich.

Das Autogene Training sorgt schon nach wenig Übung für eine Art Tiefenentspannung, die der Meditation ähnelt. Sie sprechen sich dabei in Gedanken immer wieder positive Sätze wie »ich bin ganz ruhig und entspannt« vor. Niemals sollten Sie jedoch negativ formulieren, beispielsweise »ich habe keine Angst«, sondern positiv »ich bin mutig«. Mit dem Autogenen Training haben Sie eine Methode an der Hand, die eine bewusste Entspannung überall möglich macht.

Autogenes Training im Alltag

Autogenes Training kann im Prinzip jeder Mensch lernen und auch selbst anwenden, sogar das Erlernen aus Büchern ist möglich. Dennoch wird von Experten immer geraten, auch einen Kurs zu besuchen. Sie können Autogenes Training unterstützen, indem Sie sich näher mit progressiver Muskelentspannung beschäftigen. Dazu finden Sie mehr Informationen auf Seite 108 ff. dieses Buches. In der Regel dauert es etwa zwei bis drei Monate, bis Sie in der Lage sind, Autogenes Training überall, auch im Alltag, wo immer Sie gehen und stehen, einzusetzen.

Als positiven Nebeneffekt können Sie dadurch auch stressbedingten Erkrankungen vorbeugen, Ihre Konzentrationsfähigkeit erhöhen und Schlafstörungen bekämpfen.

Zu den Übungen

Auf den folgenden Seiten kann aus Platzgründen nur eine Einführung ins Autogene Training gegeben werden. Sie finden zunächst eine Beschreibung unterschiedlicher Entspannungshaltungen, die Sie ausprobieren und die jeweils bequemste für sich auswählen können. Die daran anschließenden sechs Grundübungen werden jeweils in einer Woche regelmäßig, zweimal täglich, eingeübt. Die dafür nötige Zeitspanne dehnt sich von anfangs fünf Minuten auf 30 Minuten für die sechste Grundübung aus. Sinn und Zweck dieser Grundübungen ist es, anschließend Zugang zum Unterbewusstsein zu erlangen, die dann die weiteren Stufen des Autogenen Trainings (zum Beispiel die Wege zum seelischen Gleichgewicht) ermöglichen. Sie werden beim Lesen der Übungsbeschreibungen feststellen, dass jede vorhergehende Grundübung in der folgenden aufgeht, also nicht mehr gesondert geübt werden muss.
Wichtig ist noch, darauf hinzuweisen, dass Sie sich nach jeder Entspannungsübung wieder zurückführen. Diese Rückführungsformel ist deshalb auch am Ende jeder Übung beschrieben. Wer das nicht tut, kann Kreislaufprobleme bis hin zum Kollaps bekommen. Wenn Sie jedoch bei der Übung einschlafen, müssen Sie nach dem Aufwachen keine Rückführungsformel sprechen.

Autogenes Training auf einen Blick

Autogenes Training – für wen: Für alle gestressten Menschen, die sich bewusste Entspannung wünschen.
Kleidung: möglichst bequem.
Kosten: keine, es sei denn, man besucht einen Kurs.
Gesundheitliche Einschränkungen: keine bei den ersten drei Übungen. Die Übungen vier bis sechs dürfen auf keinen Fall von

Menschen mit Herz-Kreislauf-Problemen, Magen- und Darmbeschwerden, Migräne oder psychischen Erkrankungen durchgeführt werden.
Mögliche Voraussetzungen: progressive Muskelentspannung (Seite 108), Atemtechniken (Seite 43).

Entspannungshaltungen

Liegehaltung
Legen Sie sich flach auf den Boden oder auf eine harte Matratze, schieben Sie ein Kissen unter den Nacken und eines unter die Kniekehlen. Die Handflächen zeigen nach oben, damit auch der Schulterbereich entspannt ist.

Passive, gestützte Sitzhaltung
Nehmen Sie dazu in einem bequemen Sessel Platz. Der Rücken wird angelehnt (Sie können auch ein Kissen in den Lendenwirbelbereich schieben), die Arme ruhen auf den Lehnen. Der Kopf wird im Nacken durch ein Kissen gestützt, die Knie sind locker, nicht aneinandergepresst und die Füße stehen barfuß flach auf dem Boden.

Droschkenkutscherhaltung
Setzen Sie sich dazu auf einen Hocker oder auf eine Bank, die Füße stehen flach, leicht auswärtsgerichtet auf dem Boden. Die Beine sind etwa auf Schulterbreite auseinandergestellt, die Oberschenkel sollten waagerecht bleiben. Die Unterarme ruhen auf den Oberschenkeln, die Arme hängen zwischen den Beinen, ohne sich zu berühren. Machen Sie den Rücken zunächst gerade und strecken Sie den Kopf nach oben weg. Beim Ausatmen sinken Sie etwas nach vorne und lassen Kopf und Oberkörper bis zur mühelosesten Stellung »zusammensinken«.

Passive, gestützte Sitzhaltung

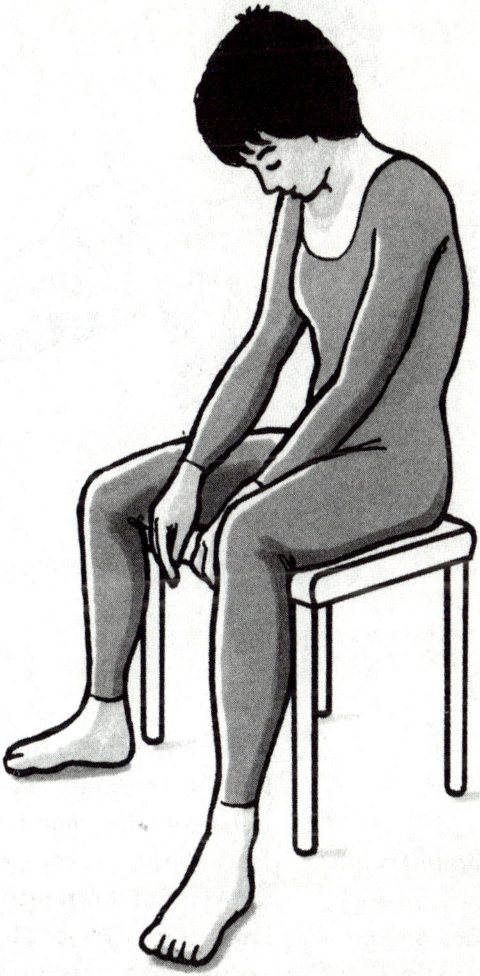

Droschkenkutscherhaltung

Rücknahme

Grundübung 1
(in der ersten Woche)
Schwereübung

Die erste Übung beginnt mit der Vorstellung von Schwere in den Armen. Schließen Sie die Augen, atmen Sie regelmäßig (Bauch-Zwerchfell-Atmung, Seite 52). Nach drei Atemzügen sprechen Sie in Gedanken:
Ich bin ruhig und entspannt (einmal).

Konzentrieren Sie sich ganz auf Ihren Körper und lassen Sie die Gedanken kommen und gehen. Jetzt richten Sie Ihre Aufmerksamkeit auf Ihren rechten oder linken Arm. (Welche Seite Sie wählen, hängt davon ab, ob Sie Rechts- oder Linkshänder sind. Rechtshänder wählen also den rechten Arm. Sie können auch die Körperseite bevorzugen, die entspannter ist.) Nehmen Sie

den Arm ganz wahr, spüren Sie ihn. In Gedanken sprechen Sie folgenden Satz:
Mein rechter Arm (oder mein linker Arm) ist schwer, ganz schwer! (sechsmal wiederholen)
Sie spüren ein angenehmes Schweregefühl, das sich in Ihrem (rechten oder linken) Arm ausbreitet. Genießen Sie es eine Weile. Nun beenden Sie die Übung, indem Sie kurz beide Hände zu Fäusten ballen, die Arme anspannen und wieder entspannen. Danach atmen Sie tief aus und ein und öffnen die Auge. Die Auflösung des Entspannungszustandes wird von folgender Formel begleitet:
Arme fest – tief atmen – Augen auf! (s. Seite 38)
Wichtig: Diese Übung dauert anfangs fünf Minuten, machen Sie sie eine Woche lang.

Grundübung 2 (in der zweiten Woche) Wärmeübung

In der zweiten Woche lernen Sie das Wahrnehmen von Wärme in den Armen. Sie nehmen Ihre Entspannungshaltung ein und sprechen in Gedanken:
Ich bin ganz ruhig und entspannt! (einmal)
Nach einigen Atemübungen folgt die Schwereformel:
Beide Arme sind schwer, ganz schwer! (sechsmal wiederholen)
Sie spüren nun die Schwere in beiden Armen. Danach wiederholen Sie noch einmal die Ruheformel:
Ich bin ganz ruhig und entspannt! (einmal)
Jetzt richten Sie Ihre Aufmerksamkeit auf den rechten (oder linken) Arm und stellen sich ein Gefühl von Wärme vor. Die Formel dazu:
Mein rechter Arm (linker Arm) ist warm, angenehm warm!
Nun spüren Sie auch dieses Wärmegefühl.
Nehmen Sie jetzt den Entspannungszustand zurück:
Fäuste ballen, tief atmen, Augen öffnen.
Die Auflösungsformel:
Arme fest – tief atmen – Augen auf!
Wichtig: Diese Übung wird in der zweiten Woche zehn Minuten lang täglich gemacht.

Grundübung 3 (in der dritten Woche) Atemübung

In der dritten Übungswoche erlernen Sie eine Atemübung, die nicht dazu dient, den Atem bewusst zu steuern, sondern mehr eine positive Hingabe an das Atmen darstellt.

Nehmen Sie Ihre Entspannungshaltung ein. Sprechen Sie in Gedanken folgende Formeln:

Ich bin ganz ruhig und entspannt! (einmal)

Arme und Beine sind schwer, ganz schwer. (sechsmal)

Ich bin ganz ruhig und entspannt! (einmal)

Beide Arme sind warm, angenehm warm! (sechsmal)

Beobachten Sie nun Ihre Atmung. Spüren Sie, wie das Atmen Ihren Körper ganz von sich aus bewegt. Beim Einatmen hebt sich die Bauchdecke, beim Ausatmen senkt sie sich wieder. Atmen Sie ein, so strömt die Luft durch Sie hindurch, atmen Sie aus, strömt die Luft wieder heraus. Sprechen Sie in Gedanken die Atemformel:

Mein Atem geht ruhig und gleichmäßig! (sechsmal)

Es atmet mich! (einmal)

Nehmen Sie Schwere und Wärme bewusst wahr, geben Sie sich Ihrer Atmung hin – Sie werden geatmet. Genießen Sie dieses Gefühl, bevor Sie die Übung beenden.

Nehmen Sie den Entspannungszustand zurück, indem Sie die Fäuste ballen, tief atmen und die Augen öffnen. (Formel: *Arme fest – tief atmen – Augen auf!)*

Wichtig: Diese Übung sollte in der dritten Woche anfangs 15 Minuten lang täglich gemacht werden.

Wichtiger Hinweis: Diese ersten drei Übungen können von allen Menschen gemacht werden. Die folgenden drei Übungsschritte haben jedoch gewisse gesundheitliche Einschränkungen. Sie dürfen dafür keine Herz-Kreislauf-Probleme haben, keine Magen- und Darmbeschwerden oder Migräne. Bei schweren psychischen Problemen fragen Sie besser Ihren Arzt oder Therapeuten.

Grundübung 4 (in der vierten Woche) Herzübung

Nehmen Sie Ihre Entspannungshaltung ein und sprechen Sie in Gedanken folgende Formeln:
Ich bin ganz ruhig und entspannt! (einmal)
Mein Körper ist schwer, ganz schwer! (sechsmal)
Ich bin ganz ruhig und entspannt! (einmal)
Arme und Beine sind warm, angenehm warm! (sechsmal)
Ich bin ganz ruhig und entspannt! (sechsmal)
Es atmet mich! (einmal)
Ich bin ganz ruhig und entspannt! (einmal)
Nun lenken Sie Ihre Aufmerksamkeit auf das Herz und seinen Rhythmus, versuchen Sie, es wahrzunehmen. Gelingt Ihnen das nicht, legen Sie die Fingerspitzen auf den Puls und spüren Sie ihn. Dann sprechen Sie im Geiste folgende Formel:
Mein Puls schlägt ruhig und regelmäßig! (sechsmal)
Geben Sie sich dem Rhythmus hin, es ist der Rhythmus des Lebens. Genießen Sie die Ruhe und die Sicherheit. Danach beenden Sie den Entspannungszustand wie üblich (*Arme fest – tief atmen – Augen auf*)
Wichtig: Diese Übung beansprucht 25 Minuten pro Tag der vierten Woche.

Grundübung 5 (in der fünften Woche) Die Sonnengeflecht- oder Bauchübung

In Verbindung mit den vorangegangenen Übungen erreichen Sie mit dieser den tiefsten Punkt Ihrer Versenkung. Sie konzentrieren sich dabei auf Ihre Körpermitte, das »Sonnengeflecht«. Dies ist ein etwa handtellergroßes Nervengeflecht oberhalb des Bauchnabels. Von dort aus werden die Funktionen der Bauchorgane reguliert sowie das vegetative Nervensystem gesteuert. Diese Übung bewirkt deshalb eine Entspannung aller inneren Organe. Gehen Sie in die Entspannungshaltung und beginnen Sie mit den folgenden Formeln:
Ich bin ruhig und entspannt! (einmal)
Mein Körper ist schwer, ganz schwer! (sechsmal)

Ich bin ganz ruhig und entspannt! (einmal)
Arme und Beine sind warm, angenehm warm! (sechsmal)
Ich bin ganz ruhig und entspannt! (einmal)
Mein Atem geht ruhig und gleichmäßig! (sechsmal)
Es atmet mich! (einmal)
Ich bin ganz ruhig und entspannt! (einmal)
Mein Puls schlägt ruhig und regelmäßig! (sechsmal)
Ich bin ganz ruhig und entspannt! (einmal)

Richten Sie nun Ihre Aufmerksamkeit auf den Bereich oberhalb des Nabels – Ihr Sonnengeflecht. Sie sprechen in Gedanken folgende Formel:
Mein Sonnengeflecht ist strömend warm! (sechsmal)

Genießen Sie dieses angenehme Gefühl und beenden Sie die Übung mit der Auflösungsformel (*Arme fest – tief atmen – Augen auf!*)

Wichtig: Diese Übung beansprucht etwa 25 Minuten pro Tag der fünften Woche.

Grundübung 6 (in der sechsten Woche) Stirnübung

Diese abschließende Übung suggeriert eine kühle Stirn, die zu einer verminderten Kopfdurchblutung führt. Sie haben dann einen kühlen Kopf, können klar und frisch denken.

Gehen Sie in Entspannungshaltung und denken Sie die Formeln:
Ich bin ganz ruhig und entspannt! (einmal)
Mein Körper ist schwer, ganz schwer! (sechsmal)
Ich bin ganz ruhig und entspannt! (einmal)
Arme und Beine sind warm, angenehm warm! (sechsmal)
Ich bin ganz ruhig und entspannt! (einmal)
Mein Atem geht ruhig und gleichmäßig! (sechsmal)
Es atmet mich! (einmal)
Ich bin ganz ruhig und entspannt! (einmal)
Mein Puls schlägt ruhig und regelmäßig! (sechsmal)
Ich bin ganz ruhig und entspannt! (einmal)
Mein Sonnengeflecht ist strömend warm! (sechsmal)

Ich bin ganz ruhig und entspannt! (einmal)
Ihre Aufmerksamkeit gilt nun Ihrer Stirn, dabei sprechen Sie in Gedanken:
Meine Stirn ist schön kühl! (sechsmal)
Genießen Sie diesen Zustand vollkommener Entspannung. Dann beenden Sie die Übung:
Arme fest – tief atmen – Augen auf!

Atemtechniken

Luft ist Leben, Atem ist Lebensenergie. Hört ein Mensch auf zu atmen, verlässt ihn das Leben, sagen die Asiaten. Es muss nicht gleich der Todesfall sein, der dann eintritt, doch wenn der Atem stockt, wird eine überlebensnotwendige Kraftquelle verschlossen, der Körper wird schwach und der Geist müde. Ohne Sauerstoff können wir nicht leben – und doch gehen gerade wir in der westlichen Welt viel zu nachlässig mit diesem Lebenselixier um. Die meisten Menschen atmen flach und oberflächlich, nutzen nur einen Bruchteil des Lungenvolumens aus, beherrschen weder das Einatmen noch das Ausatmen (und das ist ganz wichtig) richtig. Luft brauchen wir aber nicht nur zum Leben, sondern auch zum Entspannen. Unser Atem ist ein Barometer der Stimmungsschwankungen und Emotionen. Ist eine junge Frau frisch verliebt, »verschlägt es ihr den Atem«, wenn sie den Liebsten sieht. Beobachtet ein Mensch etwas Grausames, bleibt ihm »vor Schreck die Luft weg«. Sind Menschen wütend, atmen sie rasch und heftig; sind sie traurig, atmen sie tief und seufzend. Nur wenn Menschen entspannt und ruhig sind, atmen sie gleichmäßig und bewusst.

Atemtechniken und Entspannung

Fast alle Entspannungstechniken, die hier in diesem Buch vorgestellt werden, entfalten ihre volle Wirkung nur in Zusammenhang mit der richtigen Atmung. Aber schon die Konzentration auf den Atem allein

kann Verspannungen und Anspannungen abbauen, zur inneren Ruhe beitragen.
Der kleine Unterschied zwischen unserer »normalen«, aber grundsätzlich falschen Atemweise und den Atemtechniken, die der Entspannung dienen, ist eigentlich nur der bewusste Umgang damit. Indem man sich auf die Atmung konzentriert, zwingt man den Körper zur Ruhe, eine bewusste Steuerung des Atems macht es möglich, Anspannungen aufzulösen.
Für die meisten Menschen besteht das größte Problem beim Atmen nicht im Einatmen, sondern im Ausatmen. Das jedoch ist sehr wichtig, denn nur wenn alle und wirklich alle verbrauchte Luft den Körper verlassen hat, kann neuer, erfrischender Sauerstoff die Lungen füllen. Probieren Sie es einfach einmal aus. Atmen Sie tief aus, und zwar so lange, bis Sie denken, es geht nicht mehr. An diesem Punkt angekommen, stoßen Sie mit aller Körperkraft und verbunden mit einem lauten »Ha« dreimal die noch verbleibende Restluft aus. Merken Sie, wie anstrengend das ist? Es ist erstaunlich, wenn man bei dieser einfachen Übung beobachtet, wieviel verbrauchter Sauerstoff sich noch in der Lunge befindet – und wie scheinbar mühelos im Vergleich dazu das Einatmen scheint.

Atemtechniken im Alltag

Das Atmen neu und bewusst zu erlernen gehört in den Bereich der Körpererfahrung. Es ist also nichts, was von jetzt auf gleich und binnen Minuten erlernbar wäre – auch Atemtechniken der Entspannung erfordern Zeit und Geduld. Einmal erlernt, haben sie jedoch einen entscheidenden Vorteil gegenüber vielen anderen Methoden, denn sie lassen sich wunderbar in den Alltag integrieren, können aus dem Stand heraus eingesetzt werden, wenn Entspannung nötig ist. Bevor es jedoch soweit ist, übt man am besten im stillen Kämmerlein, denn das »lautlose« Atmen gelingt erst nach einiger Zeit. Man darf sich dabei nicht scheuen, auch unangenehme Laute von sich zu geben. Nur wer so bewusst allen Ärger »ausspuckt«, ist bereit für entspannende Atemübungen. Es ist manchmal auch gut, einen Partner zu haben, der die Atemübungen kontrolliert. Beim richtigen Ausatmen hilft es beispielsweise sehr, jemanden in der Nähe zu haben, der einen zum Durchhalten auffordert.

Der bewusste Umgang mit Atemluft bringt viel für die Entspannung, er pflegt und kräftigt aber auch die ganzen Atemorgane, die für Menschen so überlebensnotwendig sind.

Zu den Übungen

Auf den nun folgenden Seiten finden Sie eine breite Palette von Atemübungen, die Sie je nach Belieben und ohne Einhaltung einer Reihenfolge ausprobieren können. Den Anfang machen vier Atemübungen aus dem Yoga, die als Ergänzung zu den Asanas, aber auch unabhängig davon gemacht werden können. Auch bei der Entspannungstechnik des Tai Chi legt man auf Atmung großen Wert. Hier wurden fünf Übungen zur Erfahrung des gesamten Atemraumes ausgewählt. Beim Autogenen Training, das auf den Seiten 32 ff. vorgestellt wurde, wird die Bauch-Zwerchfell-Atmung empfohlen. Diese finden Sie auf den nächsten Seiten aus drei verschiedenen Positionen beschrieben. Um bewusstes Atmen zu verdeutlichen, finden Sie zum Abschluss dieses Kapitels Atemübungen, die mit bestimmten Bewegungsabläufen verbunden sind. Manchen Menschen fällt es leichter, bewusst zu atmen, unterstützt durch körperliche Aktivität.

Atemtechniken auf einen Blick

Atemtechniken – für wen: Für alle Menschen – und nicht nur für die, die entspannen wollen.
Kleidung: leicht und locker, nichts, was einengt.
Kosten: keine.
Gesundheitliche Einschränkungen: keine.
Voraussetzungen: keine.

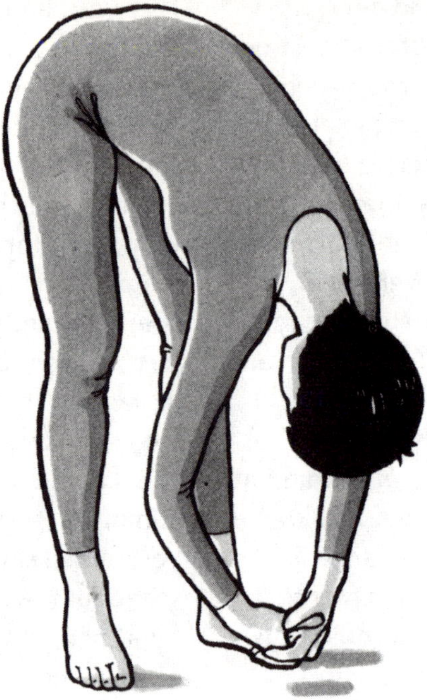

Übung 1

Atemübungen aus dem Yoga

Übung 1
Ha-Atmung

Sie stehen mit leicht gespreizten, aber durchgestreckten Beinen und atmen zunächst einmal aus. Während des folgenden Einatmens führen Sie die Hände über den Kopf, falten sie dort und strecken sich so weit wie möglich nach hinten oben. Sie atmen dabei ganz tief ein, das Gesicht ist am Ende des Einatmens nach oben gerichtet. So verharren Sie einen Augenblick, bevor Sie mit dem Ausatmen beginnen. Der Oberkörper fällt dabei nach vorne, ebenso die Arme, die Beine bleiben gestreckt oder Sie gehen in die

Hocke. Die immer noch gefalteten Hände baumeln zwischen den Beinen, berühren fast den Boden, der Blick ist nach hinten gerichtet. Der Atem wird mit der lang gedehnten Silbe »Ha« ausgelassen (die Silbe kann auch mehrmals wiederholt werden). Am Schluss ist der Bauch ganz eingezogen, die Luft ist aus der Lunge entwichen. Diese Übung machen Sie dreimal. Sie werden spüren, dass Sie bei jedem Ausatmen mit den Händen etwas tiefer hinunterkommen.

Übung 2
Wechselseitige Nasenatmung

Legen Sie dazu Ihren rechten Zeigefinger auf die Nasenwurzel zwischen den Augenbrauen. Mit dem Daumen beziehungsweise Mittelfinger der rechten Hand verschließen Sie abwechselnd Ihr rechtes und dann Ihr linkes Nasenloch. Atmen Sie zunächst durch das rechte Nasenloch dreimal ein und aus, danach wechseln Sie zum linken Nasenloch. Der zweite Teil der Übung besteht darin, dass Sie abwechselnd zum rechten Nasenloch ein- und zum linken Nasenloch ausatmen. Beim nächsten Atemzug machen Sie es genau umgekehrt: Sie atmen links ein und rechts aus. Daumen beziehungsweise Mittelfinger verschließen jeweils das Nasenloch, das gerade nicht gebraucht wird.

Übung 3
Reinigungsatmung

Sie sind im Kniestand und setzen sich auf Ihre Füße. Atmen Sie nun tief ein, indem Sie den Bauch ausdehnen, holen Sie dabei so viel Luft, wie das in einer Sekunde möglich ist. Ziehen Sie den Bauch mit aller Gewalt ein, so dass die Luft durch die Nasenlöcher herausgetrieben wird. Sie müssen dabei das Gefühl haben, als hätte Ihnen jemand in den Magen geschlagen. Holen Sie nun wieder Luft, indem Sie den Bauch ausweiten und die Luft in das durch das Ausatmen entstandene Vakuum einschleusen. Das Ein- und Ausatmen darf nicht länger als anderthalb Sekunden dauern, beides machen Sie kraftvoll und ziemlich laut. Wiederholen Sie diese Übung zehnmal, Sie können sie auch direkt mit der folgenden Tiefatmung kombinieren.

Übung 4
Tiefatmung
Sie sitzen, wie bei Übung 3, auf Ihren Füßen, der Rücken ist gerade und der Brustkorb dadurch frei. Tip: Stellen Sie sich vor, Sie wollten ein Hohlkreuz machen, das bringt Sie automatisch in die richtige Position. Atmen Sie ganz langsam, tief und bewusst durch die Nase ein. Nehmen Sie sich dabei viel Zeit, um Ihre untere Lungenhälfte mit Luft zu füllen, indem Sie die Rippen und den Bauch weit ausdehnen. Jetzt konzentrieren Sie sich darauf, den oberen Teil der Lunge zu füllen, dabei dehnt sich die Brust und der Bauch wird straff. Für ein bis fünf Sekunden halten Sie den Atem an – dann atmen Sie langsam aus, bis Ihre Lunge vollkommen leer ist. Wiederholen Sie diese Übung viermal.

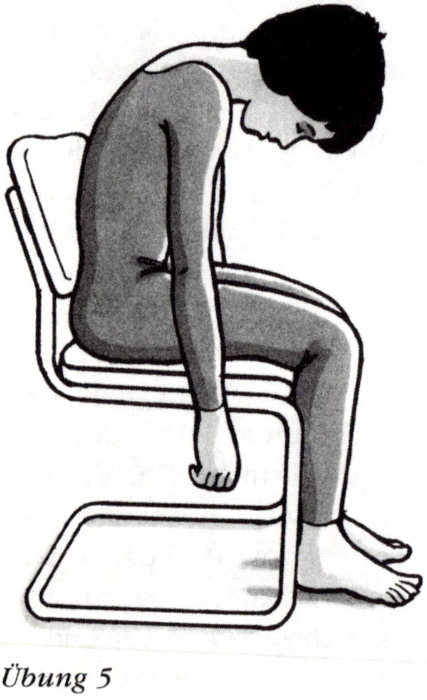

Übung 5

Atemübungen aus dem Tai Chi

Übung 5
Spüren des unteren Atemraums
Sie sitzen auf einem Stuhl, lösen beengende Gürtel oder Hosenknöpfe. Achten Sie auf Ihren Atem. Nun lassen Sie die Wirbelsäule rund werden, das Becken kippt nach vorn, die Arme hängen seitlich nach unten und Sie atmen dabei aus. Mit dem Aufrichten (das Becken

wieder gerade richten, den Rücken bis zum Hohlkreuz strecken) wird gleichzeitig eingeatmet. Die Übung einige Male wiederholen.

Übung 6
Spüren des mittleren Atemraums

Legen Sie nun beide Hände an den unteren Rippenbogen. Während Sie tief ein- und ausatmen, fahren Sie mit den Händen über die Rippen auf und ab. Spüren Sie, wie sich die Lungen auch seitlich weiten und die Dehnung durch die gleichzeitige Berührung intensiver wird?

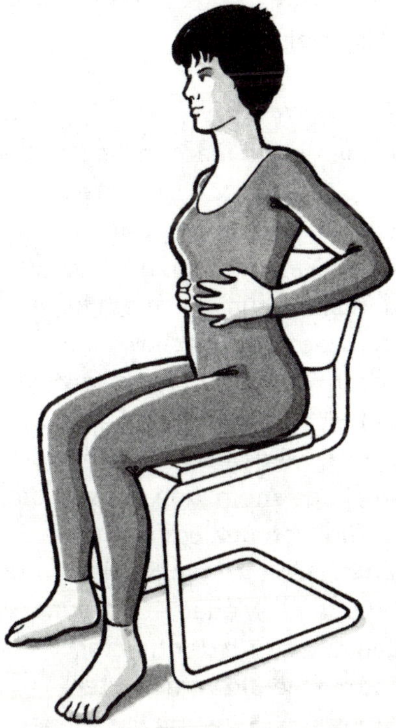

Übung 6

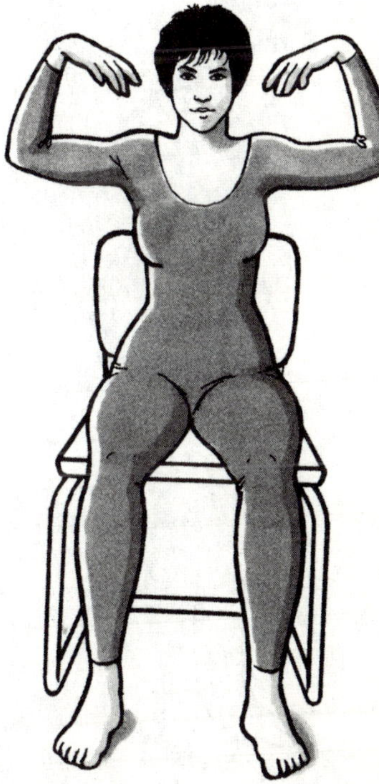

Übung 7

Übung 7
Spüren des oberen Atemraums

Setzen Sie sich gerade hin, die Beine stehen hüftbreit auseinander, die Knie sind 90 Grad angewinkelt, die Füße stehen also genau unter den Knien. Heben Sie nun die Arme seitlich an. Strecken Sie beim Einatmen die Hände seitlich nach oben und achten Sie darauf, dass sich die Schultern nicht nach oben bewegen. In der letzten Phase dieser Streckbewegung lassen Sie den Kopf sanft nach hinten sinken. Beim Ausatmen werden die Arme wieder angewinkelt und die Hände fallen locker nach unten. Auch der Kopf kehrt beim Ausatmen in die Ausgangsstellung zurück. Wiederholen Sie diese Übung mehrmals.

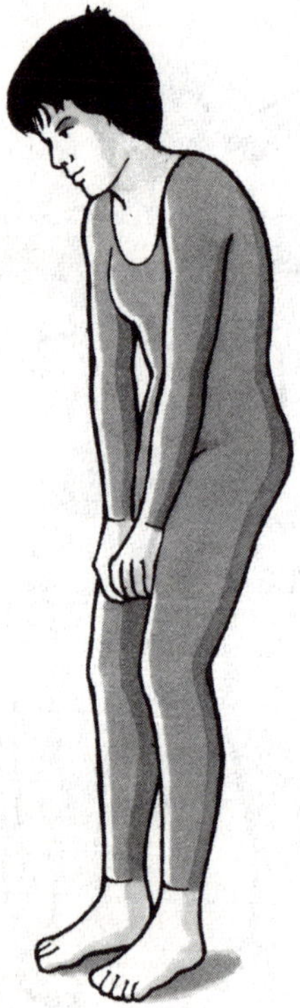

Übung 8

Übung 8

Diese Übung machen Sie im Stehen. Beobachten Sie zunächst einmal, wie Sie ein- und ausatmen. Dann beginnen Sie damit, den Brustraum zu verschließen: Der Kopf sinkt nach vorn, die Schultern werden nach vorn zusammengezogen, der Rücken wird rund gemacht. Machen Sie so einige Atemzüge, bis sich das Gefühl von Beklemmung einstellt. Dann öffnen Sie den Brustraum wieder – und zwar Zentimeter für Zentimeter. Spüren Sie die veränderte Atemqualität, wenn Sie wieder in aufrechter Haltung stehen?

Übung 9

Auch diese Übung machen Sie im Stehen. Atmen Sie zunächst normal. Dann ziehen Sie die Schultern so weit wie möglich nach oben und atmen dabei ein. Atmen Sie nun abrupt und heftig aus, lassen Sie dabei die Schultern und Arme nach unten fallen. Wiederholen Sie diese Übung mehrmals.

Bauch-Zwerchfell-Atmung

Übung 10
Bauch-Zwerchfell-Atmung im Liegen

Sie legen sich auf eine weiche Matratze oder Decke, schieben ein kleines Kissen unter den Nacken und eines unter die Kniekehlen. Liegen Sie so noch nicht entspannt genug, können Sie auch die Beine aufstellen, um die Wirbelsäule zu entlasten. Die Hände liegen seitlich am Körper oder bei den ersten Übungen auf dem Bauch, um die Atmung zu kontrollieren. Atmen Sie nun durch die Nase ein und aus und versuchen Sie die Bewegung der Bauchdecke zu spüren. Erzwingen Sie nichts, lassen Sie Bauchmuskeln und Willen einfach los: Sie werden geatmet. Das Atmen darf keinen Kraftaufwand bedeuten und Bewegungen sollten nur durch die Atmung allein hervorgerufen werden. Stellen Sie sich einen Luftballon vor, der beim Einatmen aufgepumpt wird und beim Ausatmen in sich zusammensinkt. Beim Ausatmen durch die Nase warten Sie, bis Ihr Körper nach neuem Sauerstoff verlangt. Anfangs machen Sie diese Übung zehn- bis fünfzehnmal. Tip: Damit Sie dabei nicht einschlafen, zählen Sie im Geiste.

Übung 11
Bauch-Zwerchfell-Atmung im Sitzen

Sie sitzen bequem, der Rücken ist gerade und der Kopf erhoben (Stellen Sie sich vor, es läge ein Buch auf Ihrem Kopf). Die Beine stehen parallel, die Hände ruhen auf den Oberschenkeln. Atmen Sie nun durch die Nase bewusst in den Bauch-Zwerchfell-Raum hinein. Denken Sie daran, dass das Verhältnis von Ein- und Ausatmen eins zu zwei ist, atmen Sie also doppelt so lange aus, wie Sie eingeatmet haben. Bevor Sie wieder Luft holen, machen Sie eine kurze Atempause – schlucken Sie währenddessen, das macht es leichter.

Übung 12
Bauch-Zwerchfell-Atmung im Stehen

Im Stehen ist diese Atemtechnik etwas schwieriger, deshalb stellen Sie sich am besten mit dem Rücken zur Wand, dann haben Sie automatisch die richtige Haltung. Die Füße stehen leicht auseinander, die Knie sind etwas angewinkelt. Beim Ausatmen senken Sie den Kopf leicht nach vorn unten, die Arme begleiten diese Bewegung. Der Bauch sinkt nach innen, wobei sich das Zwerchfell in den Brustraum schiebt. Beim Einatmen heben Sie den Kopf wieder sanft und gleichmäßig an, so dass auch Hinterkopf und Arme wieder die Wand berühren, der Bauch wölbt sich heraus. Beim Anheben des Kopfes achten Sie darauf, dass Sie Ihr Kinn nicht in die Höhe recken.

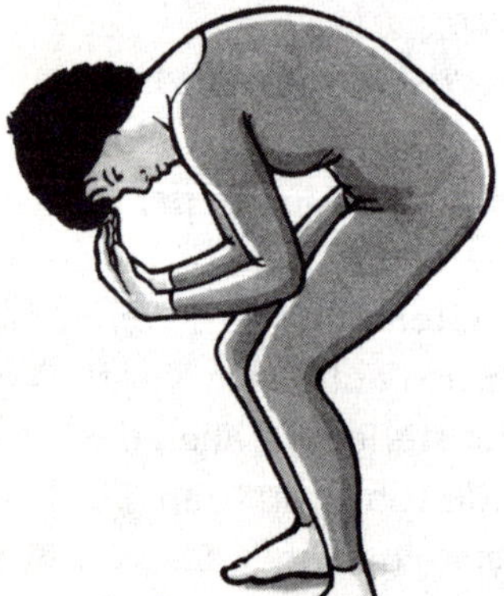

Übung 13a

Übung 13b

Atemübungen mit Bewegung

Übung 13
Entfalten, um Verspannungen zu lösen

Stellen Sie sich mit leicht gespreizten Beinen gerade hin. Winkeln Sie nun die Knie langsam an, der Oberkörper beugt sich nach vorn, die Arme werden ebenfalls angewinkelt (Ellenbogen zeigen nach unten) – in der Endposition ähnelt die Haltung der Embryostellung (Abb. 13 a). Während dieser Einwärtsbewegung atmen Sie ein. Beim Ausatmen stützen Sie die Hände auf den Knien ab und erheben sich langsam. Nun richten Sie sich auf und breiten die Arme dabei seitwärts aus (Abb. 13 b–d). Wiederholen Sie diese Übung fünfmal.

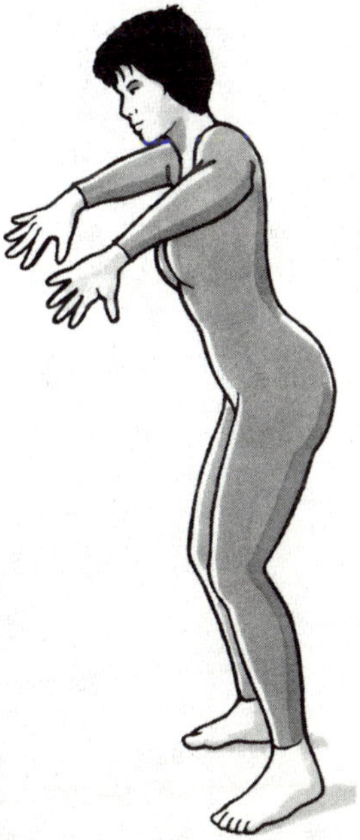

Übung 13c

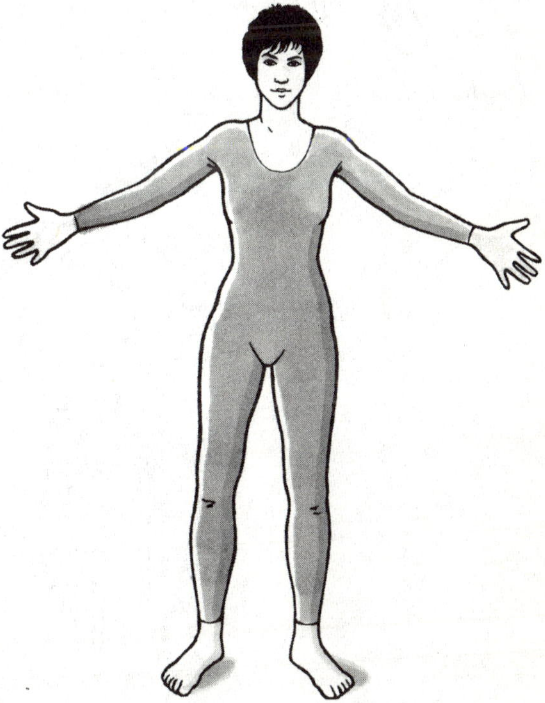

Übung 13d

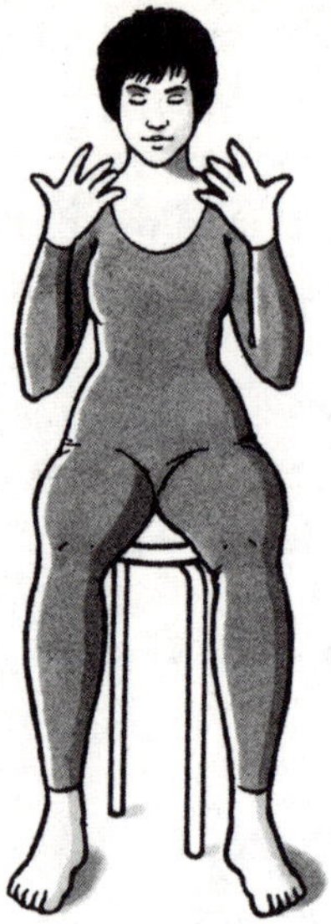

Übung 14a

Übung 14b

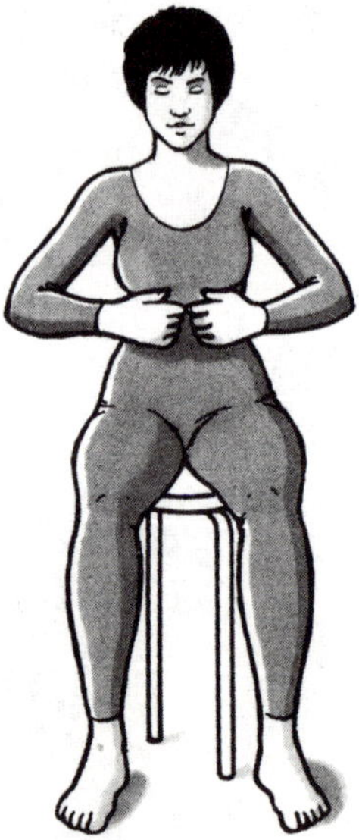

Übung 14c

Übung 14
Ausweiten, um wach zu werden

Setzen Sie sich auf einen Hocker, die Beine stehen hüftbreit auseinander, die Arme sind angewinkelt und die Hände auf Schulterhöhe (Abb. 14 a). Atmen Sie ein, indem Sie die Arme nach oben und seitlich ausbreiten sowie Zeigefinger und Daumen nach außen dehnen (Abb. 14 b). Bei der nun folgenden Abwärtsbewegung atmen Sie aus, indem Sie die Arme und Finger in die Körpermitte, etwa auf Höhe des Brustbeins zurückführen (Abb. 14 c). Achtmal wiederholen.

Übung 15
Beckenkreisen, um Nervosität abzubauen

Sie sitzen und die Füße stehen hüftbreit auseinander auf dem Boden. Schließen Sie die Augen und lassen Sie das Becken kreisen. Der Oberkörper geht leicht mit, obwohl die Drehung vom Becken ausgeht. Dann setzen Sie sich gerade hin, bis Sie den Eindruck haben, dass der Atem durch Sie hindurch bis ins Becken fließt. Bleiben Sie einige Minuten in dieser Position.

Übung 16
Tasten, um das Gesicht zu entspannen

Sie sitzen locker in aufrechter Haltung und legen jeweils drei Finger einer Hand ans Kinn. Tasten Sie mit leichtem Druck der Fingerkuppen nun das Gesicht von unten nach oben ab – und zwar in ganz kleinen Abständen. Achten Sie darauf, wie sich Ihr Atem dabei verändert. Bearbeiten Sie die Kinnpartie, geht die Luft ganz tief, manchmal bis zum Becken hinunter. Je weiter Sie nach oben kommen, desto weiter wandert auch der Atem nach oben bis zu den Schultern hin. Danach dehnen Sie Ihr Gesicht mit beiden Händen ein wenig zur Seite. Zum Abschluss lächeln Sie in sich hinein. Nun spüren Sie Ihren Atem, er ist jetzt locker und frei.

Der fernöstliche Weg zur Entspannung

Yoga, Tai Chi und Do In

Asiatische Entspannungstechniken haben derzeit Hochkonjunktur. Allerlei exotische Namen von Aikido bis Zazen werden wie Wunderpillen gegen Stress und Alltagsärger gehandelt. In der Tat sind uns die Asiaten in Sachen Entspannung eine Nasenlänge voraus. Nicht etwa, dass sie sie neu erfunden hätten, aber sie können auf ein ganzes Repertoire uralter, traditioneller Verfahren zurückgreifen, die ohnehin zu ihrer Lebenskultur gehören und zum Teil von Generation zu Generation weitergegeben wurden. Was den Asiaten im Blut liegt, müssen wir Europäer erst mühsam erlernen. Dennoch lohnt es sich, sich mit den asiatischen Entspannungsmethoden näher zu beschäftigen, bieten sie doch eine reiche Auswahl an. Für das Kapitel »Der fernöstliche Weg zur Entspannung« wurden drei Entspannungstechniken ausgewählt – Yoga, Tai Chi und Do In. Ihnen gemeinsam ist ein sanfter Weg der Körpererfahrung und innerer Harmonie, die quasi zwangsläufig zu weniger Stress und mehr Entspannung führen. Man lernt dabei locker und leicht mit dem Körper umzugehen, das Erlernen fordert jedoch in allen Fällen Geduld und regelmäßiges Training. Um so wichtiger ist es, sich vorab zu informieren und sich einen Überblick zu verschaffen. Genau das soll dieses Kapitel leisten.

Yoga beruht auf einer jahrtausendealten indischen Philosophie. Das Ziel ist, Körper, Geist und Seele in Einklang zu bringen. Durch die Yoga-Übungen wird der Körper von Verspannungen befreit, dadurch wird bewusste Entspannung erst möglich. Yoga ist keine Gymna-

stik nach unserem Verständnis, denn im Mittelpunkt steht die Konzentration, die durch bestimmte Positionen, »Asanas«, gefördert wird. Auf bewusste Anspannung folgt bewusste Entspannung: Man fühlt die Wärme und spürt die Ruhe und man lernt auch seinen Atem zu regulieren und richtig einzusetzen.
Tai Chi basiert auf der chinesischen Denkweise des Yin und Yang. Symbolisiert wird dieses durch den Kreis, der eine dunkle und eine helle Seite hat, die ineinander übergehen und einen endlosen Kreislauf bilden. Nach dem Grundprinzip des Yin und Yang (s. Seite 74) sind auch die Tai Chi-Übungen aufgebaut: Sie haben eigentlich keinen richtigen Anfang und finden auch kein Ende. Es sind harmonische Bewegungsabläufe, bei denen sich Anspannung und Entspannung abwechseln, ineinander übergehen und von neuem beginnen. In diesem Kapitel werden als Einführung die sogenannten »Acht-Brokaten« vorgestellt. Sie gehören nicht nur zum Grundrepertoire des Tai Chi, sondern vermitteln gleichermaßen einen guten Einblick in diese auch bei uns beliebte asiatische Entspannungskunst.
Do In wiederum kommt aus dem japanischen Kulturkreis und ist hierzulande weniger bekannt. Zur Philosophie des Do In gehören eine universelle Weltsicht und eine Lebensweise, die sich nach der Makrobiotik ausrichtet. Natürlich muss man nicht gleich den ganzen philosophischen Überbau verstehen und verinnerlichen, um die positiven Elemente des Do In zu erleben. In diesem Kapitel werden als Einstieg die sogenannten »Abendübungen« des Do In vorgestellt, die in ihrer Zusammenstellung einzig und allein auf bewusste Entspannung abzielen.
All diese fernöstlichen Entspannungstechniken haben gemeinsam, dass es zunächst eine Weile dauern wird, bis man sie richtig beherrscht und bewusst einsetzen kann. Bei allen beschriebenen Übungen sollten Sie niemals übertreiben oder gar die persönliche Schmerzgrenze ignorieren. Machen Sie

alle Übungen nur so weit, wie Sie sie als angenehm empfinden. Da wir natürlich auch nicht die asiatische Beweglichkeit besitzen, sollten Sie vorweg jeweils einige Stretching-Übungen zum Aufwärmen der Muskulatur machen. Diese finden Sie unter dem Stichwort »Soft-Fitness« auf Seite 130 ff. Auch die Progressive Muskelentspannung, im gleichen Kapitel auf Seite 108 ff. ist eine gute Möglichkeit, sich körperlich vorzubereiten. Den fernöstlichen Weg zur Entspannung zu wählen bedeutet auch eine neue Welt kennenzulernen, die Welt des eigenen Körpers und seiner Bedürfnisse. Die Geduld und die Zeit, die das erfordert, sind jedoch nie vergeudet, sondern eine Investition für eine entspanntere Zukunft.

Yoga

Yoga – dieses Wort steht für die fernöstliche Kunst der Körperbeherrschung. Ziel ist es, eine Harmonie von Körper und Geist aufzubauen. Wer Yoga konsequent betreibt, macht seinen Körper elastischer und kraftvoller, ist ausgeglichener und energievoller. Auch wenn Yoga für den oberflächlichen Betrachter sanftmütig und federleicht erscheint, so ist es doch ein »Trainingsprogramm«, das wesentlich intensiver und nachhaltiger wirkt als manche Aerobic-Stunde. Im Gegensatz zu herkömmlichen Fitnessarten vermittelt Yoga ein intensives Gefühl für den eigenen Körper und die Fähigkeit, sich bewusst zu entspannen. Das funktioniert natürlich nur, wenn man sich nicht nur mit einigen Yoga-Übungen, sondern auch mit der dazugehörigen Philosophie beschäftigt. Die können wir aber in diesem Buch leider nicht vorstellen.

Yoga und Entspannung

Wenn man Yoga richtig und beständig ausführt, hat das für den Körper – nicht nur im Hinblick auf die Entspannung – viele Vorteile. Medizinisch gesehen ist Yoga höchst effektvoll.

Jede Übung hat eine direkte Wirkung auf die inneren Organe oder Muskeln. Die Durchblutung wird angeregt, Verspannungen werden gelöst, der Körper kommt zur Ruhe. Außerdem verbessert sich die Sauerstoffversorgung des Körpers, denn wer Yoga richtig machen möchte, muss auch das Atmen »neu« erlernen (Lesen Sie dazu später mehr).
Bei allen Yoga-Übungen ist Ruhe das wichtigste Grundprinzip. Man darf sich bei den Übungen nicht anstrengen, wer dabei aus der Puste gerät, hat garantiert etwas falsch gemacht. Eine der wichtigsten Voraussetzungen ist es, zu lernen, auf die Signale des eigenen Körpers zu achten. Das heißt aufzuhören, wenn eine Übung Schmerzen und Unwohlsein verursacht oder eine Stellung als unangenehm empfunden wird.

Yoga im Alltag

Jedem ist sicherlich klar, dass Yoga keine Entspannungsmethode ist, die man so kurz mal nebenbei anwenden kann. Man muss etwas Zeit und Interesse investieren, wenn man sich mit Yoga näher beschäftigen will – ohne das geht es sicher nicht. Dann jedoch hat man eine Palette von Übungen an der Hand, die eine bewusste Entspannung auch im Alltag ermöglichen.
Mit den folgenden Yoga-Übungen kann sich sicher nur derjenige perfekt entspannen, der von Haus aus ein geduldiger Mensch ist – im Hauruck-Verfahren erreicht man nichts. Andererseits spielen beim Yoga Alter und Konstitution kaum eine Rolle, medizinische Einschränkungen gibt es nur bei hohem Blutdruck, Wirbelsäulen- und Gelenkbeschwerden. Dann sollte sicherheitshalber vorab ein Arzt befragt werden.

Yoga und Atmung

Jede körperliche Betätigung, jede Emotion beeinflusst die Art und Weise, wie Sie atmen. Bei Erregung holen Sie tief und heftig Luft, bei Ängsten bleibt Ihnen vielleicht die Luft weg,

das heißt, Sie atmen oberflächlich und kurz. In der Regel atmen die meisten Erwachsenen falsch und nutzen somit nur ein Minimum des gesamten Lungenvolumens aus.
Wer sich mit Yoga beschäftigt, wird bald die Bedeutung der Atmung für diese Übungsform verstehen. Spezielle Atemübungen und -techniken finden Sie im Kapitel 1 dieses Buches. Diese sollte man sich genau anschauen, bevor man mit Yoga beginnt.
Generell sollten Sie darüber hinaus folgendes beachten:

- Atmen Sie immer durch die Nase, sie hat die Funktion eines Filters und verhindert eine unnötige Belastung der Lunge mit schädlichen Stoffen.
- Eine gerade Körperhaltung erleichtert die Atmung, damit der Brustraum nicht eingeengt wird.
- Konzentrieren Sie sich beim Einatmen ganz auf das Ausdehnen von Schulterausbuchtungen, Brustkorb und Bauch.
- Ziehen Sie beim Ausatmen den Bauch ein, um verbrauchte Luft auszustoßen.

Zu den Übungen

Zehn Yoga-Asanas (Übungen) werden auf den folgenden Seiten vorgestellt und beschrieben. Es ist nur eine kleine Auswahl der rund 50 Yoga-Positionen, die ein Neuling lernen kann. Die zehn Asanas haben gemeinsam, dass sie alle der Entspannung dienen und von Ihnen zu Hause ohne Probleme ausprobiert werden können.
Wichtig ist dabei nur, dass Sie sich, wenn Sie ein eher unsportlicher Typ sind, vorher aufwärmen. (Dafür sind unter anderem die Übungen auf den Seiten 131–144 geeignet). Außerdem sollten Sie beim Nachmachen der Übungen bewusst auf Ihren Körper achten: Tut etwas weh oder ist es einfach nur unangenehm, brechen Sie die Übung ab. Der Weg ist das Ziel, deshalb machen Sie die Übungen nur, soweit es Ihre körperlichen Fähigkeiten zulassen. Die perfekte Endposition muss nicht erreicht werden. Alles, was nicht als angenehm empfunden wird, kann auch nicht zur Entspannung beitragen.

Überfordern Sie sich nicht gleich zu Beginn. Nur wer regelmäßig Yoga-Übungen macht, wird so geschmeidiger und kann mehr erreichen. Lassen Sie sich also nicht entmutigen, wenn sich der gewünschte Entspannungseffekt nicht auf Anhieb einstellt.
Nehmen Sie sich Zeit für die Übungen, machen Sie zwischendurch Pausen. Beim Yoga werden die Übungen langsam und schrittweise aufgebaut und ebenso langsam und schrittweise wieder abgebaut. Wie schon erwähnt, kann Ihnen dieses Kapitel nur einen kleinen Vorgeschmack geben. Möchten Sie sich intensiver mit Yoga beschäftigen, sollten Sie einen Kurs (im Yoga-Zentrum oder der Volkshochschule) besuchen.

Yoga auf einen Blick

Yoga – für wen: Geduldige Menschen, die bewusst entspannen wollen.
Kleidung: Hauptsache bequem, am besten leichte Kleidung.
Kosten: Im Prinzip keine, jedoch sollte, wer Yoga richtig lernen will, einen Kurs besuchen.
Gesundheitliche Einschränkungen: Bluthochdruck, Wirbelsäulen- und Gelenkprobleme
Mögliche Voraussetzungen: Atemtechniken (Seite 43 ff.), Aufwärmübungen (Seite 131 ff.).

Übung 1 (Baddha Konasana)

Setzen Sie sich mit ausgestreckten Beinen und geradem Rücken auf den Boden. Beugen Sie nun Ihre Knie nach außen und legen Sie die Fußsohlen aneinander. Jetzt umfassen Sie mit den Händen Ihre Zehen und ziehen Sie die Füße so weit wie möglich zum Körper hin. Öffnen Sie nun die Schenkel und versuchen Sie mit den Knien den Boden zu erreichen. In dieser Position bleiben Sie, wenn möglich, fünf bis 30 Sekunden und atmen dabei normal. Entspannen Sie sich wieder und führen Sie sich langsam zur Ausgangsposition zurück, bis die Beine wieder ausgestreckt sind.
Wichtig: Die Zehen fest umfassen, damit Sie nicht abrutschen. Nicht die Knie mit Gewalt (zum

Übung 1

Beispiel durch Zuhilfenahme der Hände) auf den Boden drücken.

Übung 2
(Janu Shirshasana)
Setzen Sie sich mit geradem Rücken und ausgestreckten Beinen auf den Boden. Beugen Sie das linke Bein, und bringen Sie den linken Fuß so nah wie möglich an den Körper. Das linke Knie liegt dabei auf dem Boden. Das rechte Bein bleibt ausgestreckt, beide Pobacken bleiben am Boden (Abb. 2 a). Heben Sie nun die Arme und lassen Sie die Hände am rechten Bein langsam hinuntergleiten, so weit Sie können. Dabei beugen Sie den Oberkörper nach vorn, und zwar Wirbel für Wirbel. Stellen Sie sich dabei vor, Sie wollten den Bauch auf den

Übung 2a

Übung 2b

Übung 3

Oberschenkeln ablegen. Die Ellenbogen zeigen nach außen und nach unten (Abb. 2b). Machen Sie die Bewegung sanft und ohne Ruck. Halten Sie das Bein fest – und zwar in der Position (Ober- oder Unterschenkel, eventuell sogar den Knöchel), die Sie maximal ohne Schmerzen erreichen können. In dieser Position bleiben Sie fünf bis 30 Sekunden und atmen normal. Richten Sie sich langsam wieder auf, indem Sie mit den Händen am Bein zurückgleiten.

Wiederholen Sie die Übung mit dem anderen Bein.
Wichtig: Diese Übung nicht übertreiben und nur so weit machen, wie es der Körper zulässt. Vermeiden Sie ruckartige Bewegungen, das könnte zu Zerrungen führen.

Übung 3 (Mukhasana-Variation)

Setzen Sie sich bequem aus dem Kniestand auf Ihre Fersen. Legen Sie Ihre rechte Hand auf den Rücken, die Handfläche zeigt nach außen, und versuchen Sie, sie so weit wie möglich am Rücken nach oben zu schieben. Nun strecken Sie Ihren linken Arm nach oben, winkeln den Ellenbogen ab und führen die linke Hand über den Kopf zum Rücken hin. Ideal ist es, wenn sich beide Hände am Rücken berühren oder sogar festhalten – gelingt Ihnen das zunächst nicht, nehmen Sie ein Taschentuch als Zwischenstück dazu. Verharren Sie zehn bis 30 Sekunden in dieser Position. Versuchen Sie auch mit der linken Hand eine leichte Abwärts- und mit der rechten Hand eine leichte Aufwärtsbewegung zu machen. Oder beugen Sie den Oberkörper nach vorne – bis zu den Knien, wenn es möglich ist. Wichtig: Halten Sie den Oberkörper gerade und überanstrengen Sie sich nicht. Diese Übung können Sie auch zwischendurch, zum Beispiel am Schreibtisch, machen.

Übung 4 (Paschimottanasana)

Setzen Sie sich mit ausgestreckten, geschlossenen Beinen gerade auf den Boden. Nun heben Sie die Arme über den Kopf, machen Sie sich so groß wie möglich und lehnen Sie sich dabei leicht zurück. Dann beugen Sie sich langsam nach vorn, und zwar Wirbel für Wirbel (Abb. 4a). Wenn Sie sich so weit wie möglich nach vorn gebeugt haben, greifen Sie nach dem Teil Ihrer Beine, den Sie mühelos fassen können. Biegen Sie jetzt Ihre Ellenbogen nach außen und versuchen Sie Ihren Körper gleichermaßen nach vorn und unten zu drücken. Anschließend lassen Sie den Kopf nach unten hängen und bleiben in dieser Position fünf bis 30 Sekunden mit normaler Atmung (Abb. 4b). Richten Sie sich langsam wieder auf und wiederholen Sie diese Übung zweimal.
Wichtig: Diese Übung muß – ebenso wie alle anderen – sanft und langsam gemacht werden, versuchen Sie nie, mit Gewalt etwas zu erreichen. Lassen Sie sich Zeit. Mit einigem Training können Sie den Kopf auf die Knie legen und mit den Händen die Zehen umfassen.

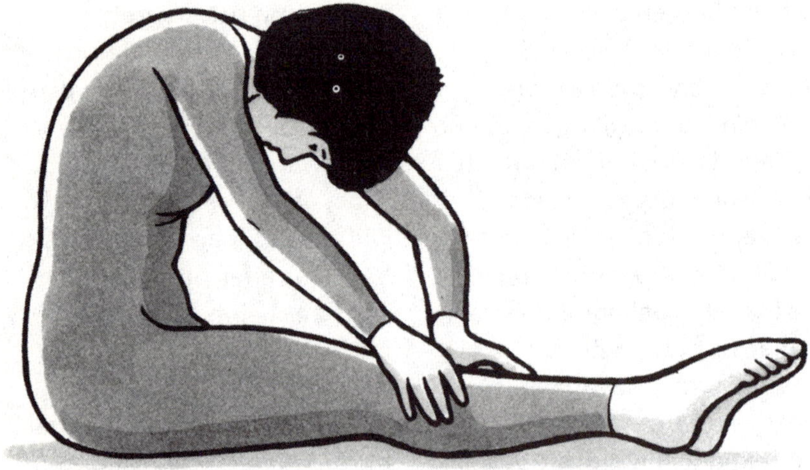

Übung 4a

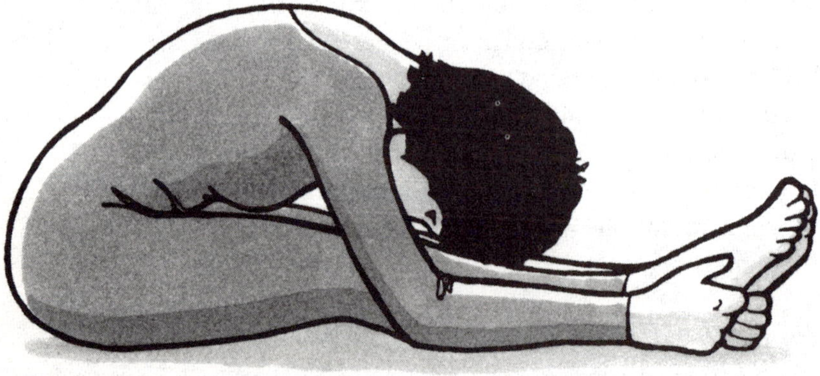

Übung 4b

Übung 5
(Virasana-Variation
»Zusammengerolltes Blatt«)

Knien Sie sich mit geschlossenen Beinen auf den Boden und setzen Sie sich mit dem Po auf die Fersen. Legen Sie die Hände weit zurück, so dass die Fingerspitzen nach hinten zeigen. Jetzt senken Sie langsam den Kopf auf den Boden und schieben dabei die Arme (parallel zu den Beinen) so weit es geht zu den Füßen hin. Die Handflächen zeigen in der Endposition nach oben, der Kopf ist leicht zur Seite gewandt und ruht auf dem Boden, die Brust liegt auf den Knien. Je länger Sie in dieser Stellung bleiben können, desto besser – und desto entspannender.
Wichtig: Strecken Sie den Po dabei nicht hoch und verlagern Sie das gesamte Gewicht auf die Beine und Fersen.

Übung 6 (Katzenstreckung)

Gehen Sie im Vierfüßlerstand auf den Boden und schieben Sie sanft den Po nach hinten (Abb. 6a). Mit dem Brustkorb bewegen Sie sich nach vorn und unten, als wollten Sie damit

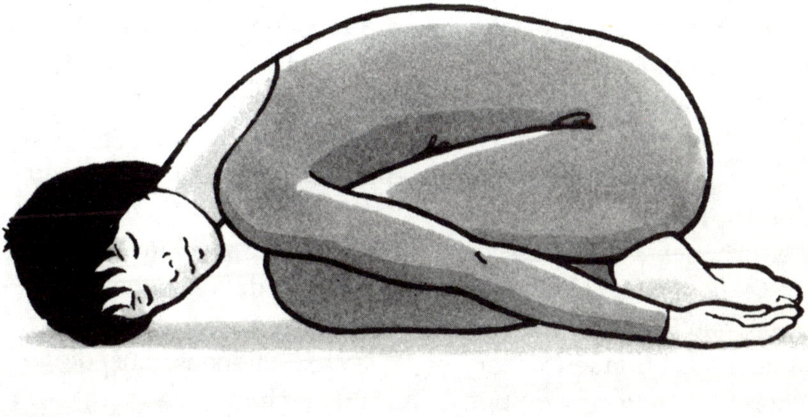

Übung 5

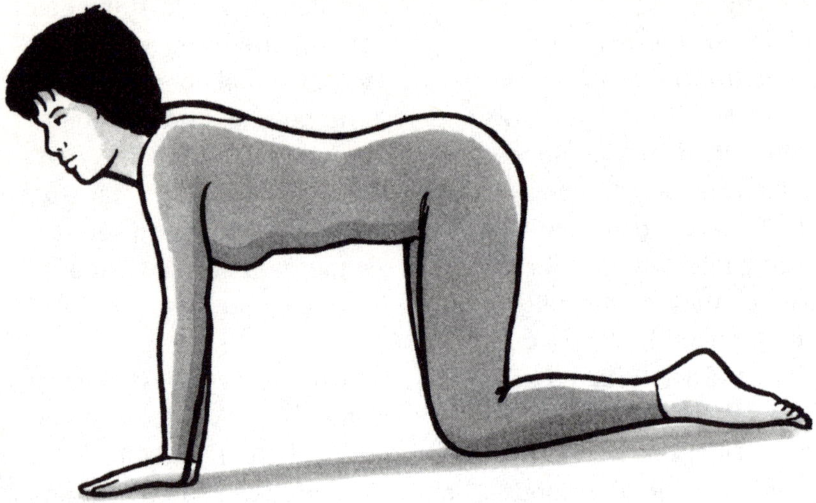

Übung 6a

den Boden kehren. Versuchen Sie mit dem Kehlkopf den Boden zu berühren. In dieser Position bleiben Sie fünf Sekunden (Abb. 6b). Beachten Sie, dass Ihr gesamtes Gewicht auf Ihren Armen ruht. Nun gehen Sie langsam in die Ausgangsposition zurück und machen dabei einen schönen Katzenbuckel – fünf Sekunden halten (Abb. 6c). Entspannen Sie sich in dieser Position. Jetzt bringen Sie Ihr rechtes Knie in Richtung Kopf und versuchen mit dem Knie den Kopf zu berühren – wiederum fünf Sekunden halten (Abb. 6d). Dann strecken Sie das rechte Bein nach hinten in die Höhe, halten Sie sich dabei gerade und heben Sie den Kopf an (Abb. 6e). Nun das Bein wieder anwinkeln und in Richtung Kopf bewegen. Jetzt zurück in die Ausgangsposition und die Übung mit dem anderen Bein wiederholen.
Wichtig: Ruhephasen bei dieser Übung einhalten, das sorgt für den Entspannungseffekt.

Übung 6b

Übung 6c

Übung 6d

Übung 6e

Übung 7 (Zehenbalance)

Für diese Übung gibt es zwei Varianten: einmal für die, die nur auf den Zehen hocken können und einmal für diejenigen, die bequem auf den Fersen hocken können.

Variation 1: Gehen Sie mit weit geöffneten Knien in die Hockstellung. Lassen Sie Ihre Arme zwischen den Knien herunterhängen oder stützen Sie sie auf den Knien ab. Verlagern Sie Ihr Gewicht auf die Zehen, danach ganz langsam auf die Fersen. Gehen Sie so tief, wie Sie nur können, und versuchen Sie Ihre Füße bis zu den Fersen abzurollen. Bleiben Sie fünf bis 20 Sekunden in dieser Position. Gehen Sie nun langsam wieder auf die Zehen und wiederholen Sie diese Übung dreimal. Wenn Sie eine Pause brauchen, setzen Sie sich zwischendurch hin.

Variation 2: Hocken Sie sich mit

Übung 7

weit geöffneten Knien auf den Boden, die Arme hängen zwischen den Knien herunter. Gehen Sie nun langsam auf die Zehenspitzen und balancieren Sie so fünf bis 20 Sekunden lang. Gehen Sie nun langsam auf die Fersen zurück. Wiederholen Sie die Übung insgesamt dreimal.
Wichtig: Bei beiden Variationen sollten Sie versuchen, die Knie zu schließen. Anfangs machen Sie diese Übung, falls Sie unsicher sind, mit dem Rücken zur Wand.

Übung 8 (Augenrollen)
Setzen Sie sich bequem in den Schneidersitz und schauen Sie geradeaus. Zunächst wenden Sie den Kopf weitmöglichst nach rechts und dann nach links. Jetzt beginnt die eigentliche Übung: Blicken Sie so weit wie möglich nach rechts, ohne den Kopf zu bewegen – verharren Sie so fünf Sekunden. Nun schauen Sie so weit wie möglich nach links – ebenfalls fünf Sekunden lang. Als nächstes schauen Sie fünf Sekunden lang nach unten an Ihrer Nase entlang, anschließend nach oben zu den Augenbrauen (ebenfalls fünf Sekunden). Jetzt stellen Sie sich vor, Ihr Gesicht wäre eine Uhr – zwölf Uhr oben zwischen den Augenbrauen, sechs Uhr beim Blick zum Boden hin. Drehen Sie nun die Augen im Uhrzeigersinn, jede Sekunde eine Zahl weiterdrehen. Wieder bei »Zwölf-Uhr« angekommen, drehen Sie die Augen in die andere Richtung, gegen den Uhrzeigersinn. Anschließend die Augen dreißig Sekunden lang schließen und mit den Händen abdecken. Jetzt nochmals den Kopf nach links und rechts wenden, es geht gewiss weiter als vor der Übung.
Wichtig: Das Auge ist ein sensibles und wichtiges Sinnesorgan – die Augen zu entspannen bedeutet deshalb Entspannung für den ganzen Körper. Außerdem besitzt das Auge eine Verbindung zur Nackenwirbelsäule, die Übung entspannt also auch den Nacken.

Übung 9
(Parvatasana, »Berg«)
Setzen Sie sich bequem im Schneidersitz auf den Boden. Ihr Rücken sollte eine gerade Linie bilden. Falten Sie die Hände vor der Brust zusammen und drücken Sie die Handinnenflächen fest aufeinander. Jetzt heben Sie Ihre Arme über den Kopf, dabei sollten Sie sich ruhig ein bisschen strecken, als wollten Sie mit den Fingerspitzen den Himmel erreichen (stets die Handinnenflächen zusammengedrückt lassen). Atmen Sie normal und bleiben Sie fünf bis 30 Sekunden in dieser Position. Dann senken Sie langsam Ihre Arme wieder auf Brusthöhe. Entspannen Sie sich! Wichtig: Den Rücken stets gerade halten. Auch wenn die Übung so einfach aussieht, der Schein trügt.

Übung 10 (»Skalp«)
Setzen Sie sich bequem im Schneidersitz auf den Boden. Dann greifen Sie voll in die

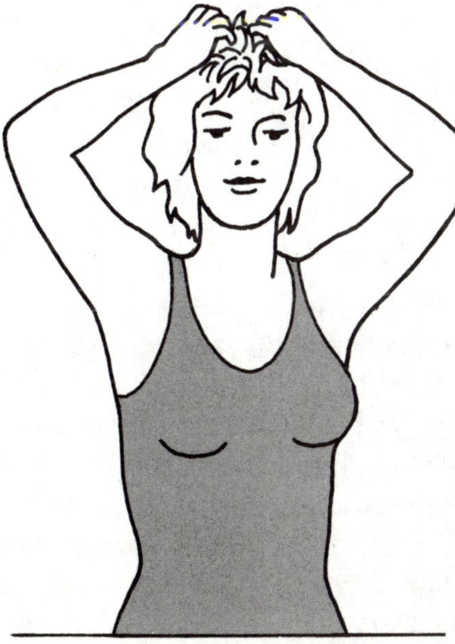

Übung 10

Haare, pressen dabei Ihre Fäuste gegen die Kopfhaut und ziehen sich dann selbst kräftig an den Haaren. Nach vorne, nach hinten, nach links und nach rechts. Dann lassen Sie die Haare wieder los und legen zur Beruhigung Ihre Hände mit gespreizten Fingern auf den Kopf. Drücken Sie Ihre Finger fest gegen die Kopfhaut, und massieren Sie den Kopf in verschiedene Richtungen. Diese Übung wird mehrmals wiederholt. Sie werden sehen, Haareraufen bietet die perfekte Entspannung.

Tai Chi

Tai Chi ist der sanfte Weg zu mehr Körpererfahrung und bewusster Entspannung. Man könnte es als eine Mischung aus Körpertherapie, Meditation und asiatischem Kampfsport beschreiben, verbunden mit einer traditionsreichen Philosophie. Wörtlich übersetzt bedeutet Tai Chi »höchstes Glück«. Wer diese Kunst beherrscht, hat auch eine Harmonie zwischen Körper und Geist hergestellt. Das bringt körperlichen Nutzen und die Fähigkeit, in Zukunft mehr auf seinen Körper zu hören. Wenn Sie Tai Chi als Entspannungstechnik erlernen möchten, kommen Sie ohne grundlegende Kenntnis der chinesischen Philosophie jedoch nicht aus.

Das Prinzip von Yin und Yang

Tai Chi basiert auf der Grundidee von Yin und Yang. Beide zusammen bilden einen Kreis mit einer hellen und einer dunklen Seite, wobei in der hellen ein dunkler Kreis und in der dunklen ein heller Kreis zu finden ist (s. Abb. Seite 222). Yin und Yang, das sind Mond und Sonne, männlich und weiblich, hell und dunkel. Genauso wie das Yin Yang Zeichen keinen abrupten Anfang und kein plötzliches Ende hat, so ist es mit allen Gegensätzlichkeiten des Lebens. Zum Beispiel Sonne und Mond: Geht die Sonne unter, macht sie allmählich Platz für den Mond, geht der Mond unter, macht der in der Morgendämmerung langsam der Sonne Platz. So gegensätzlich sie auch sind, so bilden sie doch zusammen ein Ganzes. Hier spiegeln sich schon viele Grundprinzipien wider, die beim Tai Chi wichtig sind. Die Übungen haben keinen richtigen Anfang und kein abruptes Ende, sie gehen fließend ineinander über. Jeder Bewegung folgt eine Gegenbewegung, auf das Heben folgt das Senken, auf das Einatmen folgt das Ausatmen.

Tai Chi und Entspannung

Tai Chi ist in China als medizinische Vorsorgemaßnahme anerkannt, ähnlich wie krankengymnastische Übungen hierzulande. Tatsache ist, dass man mit den Tai-Chi-Übungen Krankheiten vorbeugen und sie auch ganz konkret bekämpfen kann. Da Tai Chi das Nervensystem positiv beeinflusst, wirkt es darüber hinaus auch entspannend. Beim Tai Chi wird viel Wert auf Haltung und harmonische Bewegungsabläufe gelegt, dies spiegelt sich dann auch im täglichen Verhalten wider. Die bewusste Körpererfahrung ermöglicht auch eine bewusste Entspannung. Nicht zuletzt ist natürlich auch beim Tai Chi die Atmung von zentraler Bedeutung. Lesen Sie zu diesem Stichwort auch unter »Yoga« nach (Seite 58) sowie bei den Atemtechniken (Seite 43).

Tai Chi im Alltag

Betrachtet man die scheinbar schläfrigen und geruhsamen Bewegungsabläufe der Tai-Chi-Übungen fühlt man sich an den Begriff »Schattenboxen« erinnert. Sicher wird hierzulande niemand in den Park gehen und dort in aller Ruhe seine Tai-Chi-Übungen machen, und dennoch ist es bestimmt für viele Menschen in unseren Breitengraden eine entspannende Körpererfahrung, die sich einfach in den Alltag integrieren lässt.
Um es aber gleich vorweg zu sagen: Tai Chi ist – wenn Sie es richtig beherrschen wollen – mit einem langwierigen Lernprozess verbunden. Ähnlich wie beim Yoga sollten auch Tai-Chi-Neulinge einen Kurs besuchen,

der die Grundlagen vermittelt. Nur dort findet man die fachmännische Anleitung, die notwendig ist, die Übungen korrekt auszuführen. In diesem Buch kann nur ein Überblick gegeben werden, der Mut machen soll, sich mit dieser Entspannungstechnik näher zu befassen.

Zu den Übungen

»Lerne das Schattenboxen und du wirst biegsam wie ein Kind, stark wie ein Holzfäller und gelassen wie ein Weiser« sagen die Chinesen. Das ist das Maximale, das man erreichen kann. Dass jedoch dieses Ideal nicht auf zehn Buchseiten zu bannen ist, leuchtet jedem Leser sicher ein. Tai Chi erlernt man, wie schon gesagt, am besten unter fachlicher Anleitung in einem Kurs.

Um jedoch einen sinnvollen Einblick zu ermöglichen, werden auf den folgenden Seiten die sogenannte »Acht Brokaten« des Tai Chi vorgestellt. Es sind acht Übungen, die aneinander anschließen und aufeinander aufbauen. Sie können auch von Neulingen nachgemacht werden. Die acht Brokat-Übungen tragen ungewöhnliche, poetische Namen. Sie sollen Ihnen nur einen kleinen Trainingsanreiz bieten. Denn wenn Sie wissen, was mit den Übungen erreicht werden soll, führen Sie sie sicher auch mit einem ganz anderen Gefühl aus. Ein Beispiel: »Den Adler schießen« – wenn Sie sich dabei vorstellen, Sie wären ein Bogenschütze, nehmen Sie viel leichter die richtige Körperhaltung ein. Anders als beim Yoga finden Sie bei den folgenden Übungen keine Angaben, wie häufig Sie diese Übungen wiederholen sollen. Das kann jeder für sich und mit Rücksicht auf seinen Körper entscheiden. Generell kann man sagen: jede Übung dreimal wiederholen und das möglichst täglich. Außerdem werden alle Tai-Chi-Übungen im Zeitlupentempo ausgeführt – Hast und Eile sind Fremdwörter.

Tai Chi auf einen Blick

Tai-Chi – für wen: Eine Entspannungstechnik für geduldige Menschen, die noch dazu Interesse für chinesische Philosophie haben.
Kleidung: bequem und leicht.
Kosten: Kursgebühren.
Gesundheitliche Einschränkungen: keine.
Mögliche Voraussetzungen: Atemübungen (Seite 43).

Ausgangsstellung 1 (Bär)
Stellen Sie die Füße in Schulterbreite parallel zueinander. Die Knie sind dabei leicht einge-

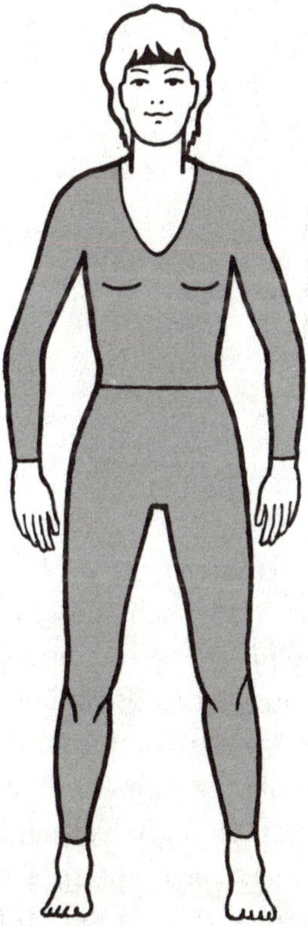

Ausgangsstellung 1 (Bär)

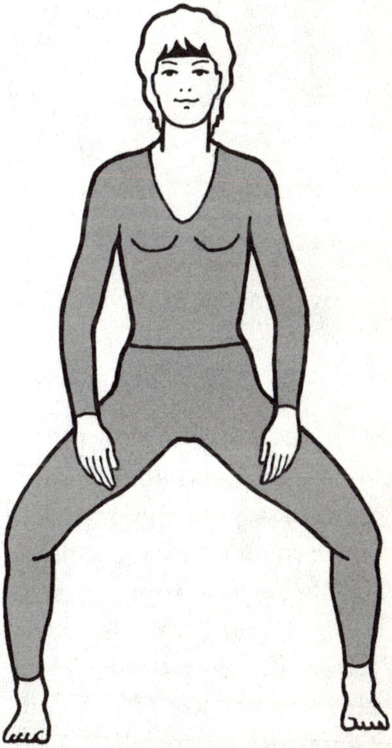

Ausgangsstellung 2 (Pferd)

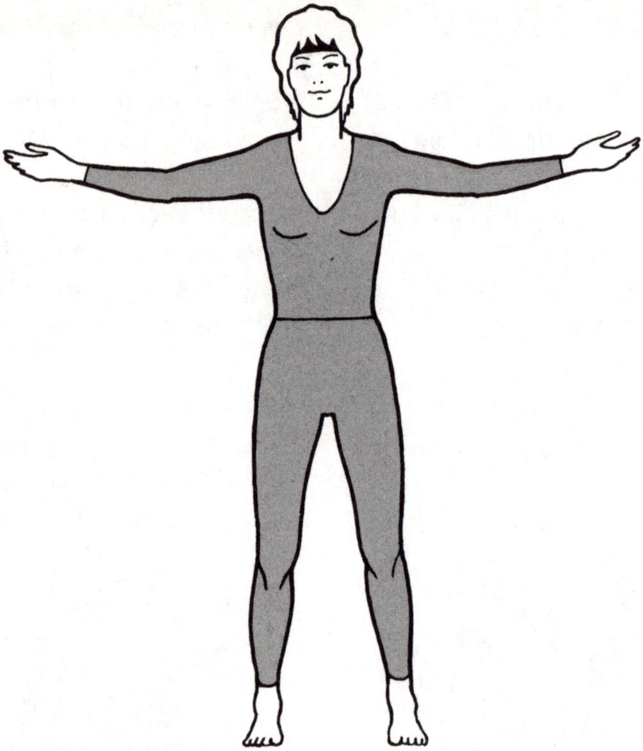

Übung 1a

knickt, der Rücken ist gestreckt. Die Schultern sollten in dieser Position weder hochgezogen noch vornübergebeugt sein. Winkeln Sie Ihre Arme, die seitlich am Körper liegen, leicht an. Verkrampfen Sie sich dabei nicht. Alles soll locker sein und eine gewisse Gelassenheit ausstrahlen.

Ausgangsstellung 2 (Pferd)

Wie der Name schon sagt, soll Ihre Beinhaltung bei dieser Position aussehen, als ob Sie auf einem Pferderücken sitzen. Also stellen Sie die Beine weit auseinander, die Füße zeigen allerdings nicht nach außen. Die Unterschenkel müssen senkrecht zu den Füßen stehen, das heißt,

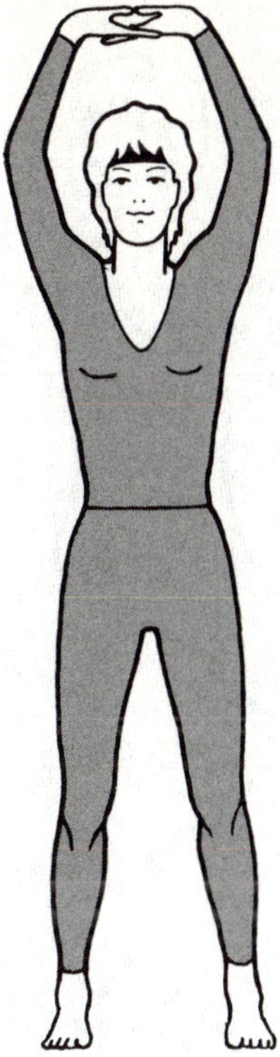

Übung 1b

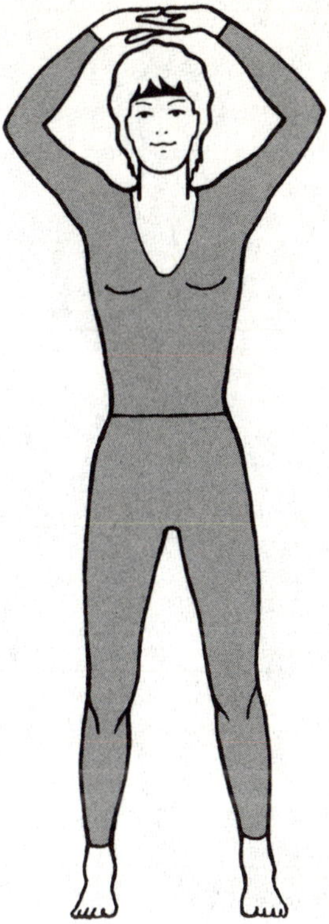

Übung 1c

die Knie befinden sich genau über Ihren Füßen. Die Knie sind leicht angewinkelt, und der Oberkörper wird gerade gehalten (so wie bei der Ausgangsstellung »Bär«). Diese Position werden Sie anfangs noch nicht allzu lange durchhalten. Aber je öfter Sie diese Grundstellung einnehmen, desto besser.

Übung 1
»Den Himmel mit den Händen stützen«

Ausgangsstellung »Bär«. Heben Sie langsam die Arme seitwärts an. Ihre Handinnenflächen zeigen nach oben (Abb. 1a). Beide Hände treffen sich über dem Kopf und werden ineinander gefaltet – die Arme sind in die-

Übung 2a

Übung 2b

sem Moment gestreckt (Abb. 1b). Senken Sie nun die gefalteten Hände scheinbar zum Kopf hinunter, ohne ihn jedoch zu berühren. Dabei gehen Sie leicht in die Knie (Abb. 1c). Lösen Sie sich jetzt wieder langsam aus dieser Stellung. Die Arme gehen wieder gestreckt über den Kopf, die Hände lösen sich, und die Arme senken sich nach unten. Wenn Sie die Ausgangsstellung erreicht haben, beginnen Sie die Übung erneut. Wichtig: Atmen Sie ein, wenn Sie die Arme heben und strecken, und atmen Sie aus, wenn Sie die Hände auf den Kopf herabsinken lassen und die Übung beenden.

Übung 2c

Übung 2
»Den Adler schießen«
Ausgangsstellung »Pferd«. Heben Sie die Hände an und überkreuzen Sie sie vor der Brust. Dabei sollten die Handinnenflächen zu Ihnen hin zeigen und die linke Hand am Körper liegen, während die rechte sie von außen überkreuzt (Abb. 2a). Atmen Sie ruhig und entspannen Sie sich. Jetzt führen Sie den linken Arm angewinkelt zur linken Seite und wenden den Kopf in die gleiche Richtung. In der gleichen Bewegung geht die rechte Hand zur rechten Brustseite (Abb. 2b). Dabei ausatmen. Stellen Sie sich nun Pfeil und Bogen vor. Die Finger

der linken Hand formen mit Daumen und Zeigefinger ein V. Der linke Arm wird ausgestreckt und der rechte Arm geht noch weiter zurück, so als ob Sie damit die imaginäre Bogensehne spannen (Abb. 2c). Konzentrieren Sie sich mit Ihrem Blick auf das V der linken Hand, fixieren Sie einen Punkt, den der Pfeil treffen soll. Nun lösen Sie die Anspannung und gehen in die Ausgangsstellung zurück und zwar Schritt für Schritt, so wie die Übung aufgebaut wurde. Beim Überkreuzen der Hände sollte diesmal der rechte Arm innen liegen. Beginnen Sie die Übung erneut – diesmal in die andere Richtung.
Wichtig: Diese Übung fördert die Konzentration, hilft gegen Schlaflosigkeit und Nervosität.

Übung 3
»Die Hände heben«

Ausgangsstellung »Bär«. Mit dem Ausatmen heben Sie die leicht angewinkelten Arme bis auf Höhe des Rippenbogens an. Die Hände trennen sich nun: Die Linke wird nach oben geführt (Handinnenfläche zeigt zum Himmel), die Rechte wandert seitwärts abwärts in Höhe der Hüfte (Handinnenfläche zeigt nach unten, die Fingerspitzen nach vorne). Vom Punkt der maximalen Streckung wird die Übung zurück zur Ausgangsposition gebracht und beginnt fließend von neuem – nun wandert die rechte Hand nach oben und die linke nach unten.
Wichtig: Niemals den Atem anhalten. Diese Übung entspannt die Brust- und Rumpfmuskulatur und »massiert« die inneren Organe.

Übung 4
»Mit Verachtung hinter sich blicken«

Ausgangsstellung »Bär« (Handinnenflächen nach außen; Abb. 4a). Beim Ausatmen heben Sie die (nicht ganz ausgestreckten) Arme langsam bis auf Schulterhöhe an. Die Handinnenflächen zeigen nach innen (Abb. 4b). Jetzt drehen Sie die Hände nach unten und senken die Arme. Stellen Sie sich bei dieser Übung vor, Sie müssten einen leichten Widerstand über-

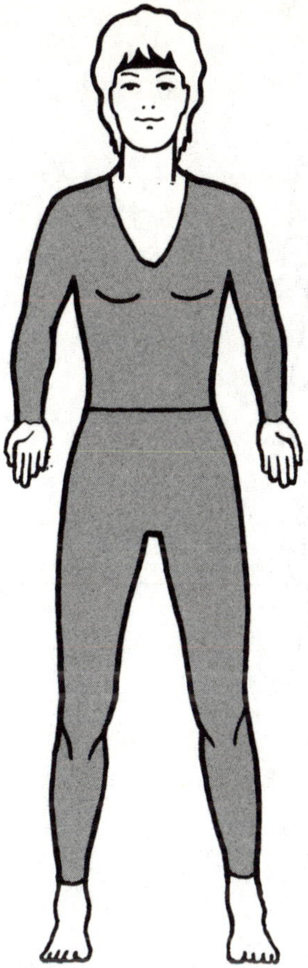

Übung 4a

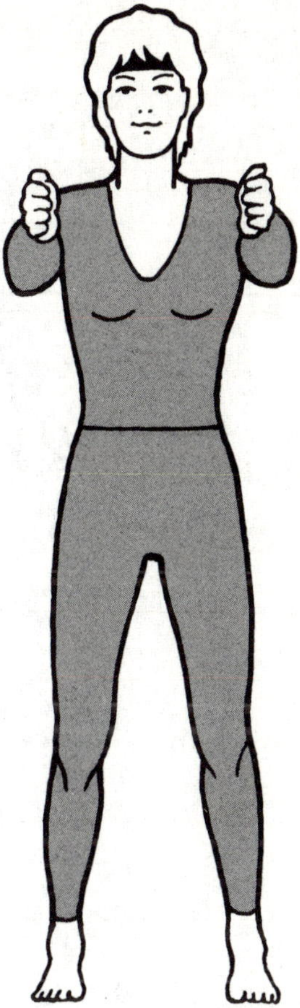

Übung 4b

winden. Gleichzeitig mit der Abwärtsbewegung der Hände wenden Sie den Kopf nach links und schauen sich über die Schulter (Abb. 4c). Achtung: den Kopf nur so weit drehen, wie es Ihnen problemlos möglich ist. Wenn Sie die Arme wieder bis zur Schulterhöhe gehoben haben und die Handinnenflächen nach oben zeigen, drehen Sie den Kopf nach vorne.

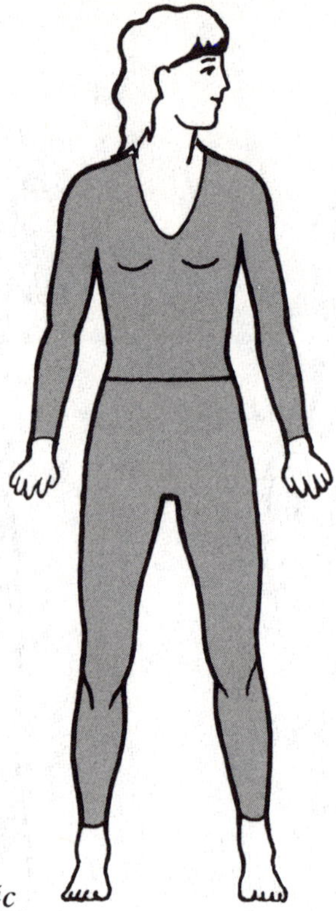

Übung 4c

Die Übung beginnt erneut, diesmal richten Sie den Kopf nach rechts und blicken über die rechte Schulter.
Wichtig: Diese Übung entspannt den Nacken und trainiert die Augenmuskeln. Der Kopfbereich wird besser durchblutet, das fördert die Konzentration und baut Anspannung ab.

Übung 5
»Das Gesäß schwenken und das Feuer aus dem Herzen vertreiben«

Ausgangsstellung »Pferd«. Beim Ausatmen heben Sie die Arme an und greifen mit den Händen Ihre Oberschenkel. Die Daumen müssen nach hinten zeigen, die übrigen Finger nach vorne. Hal-

Übung 5a

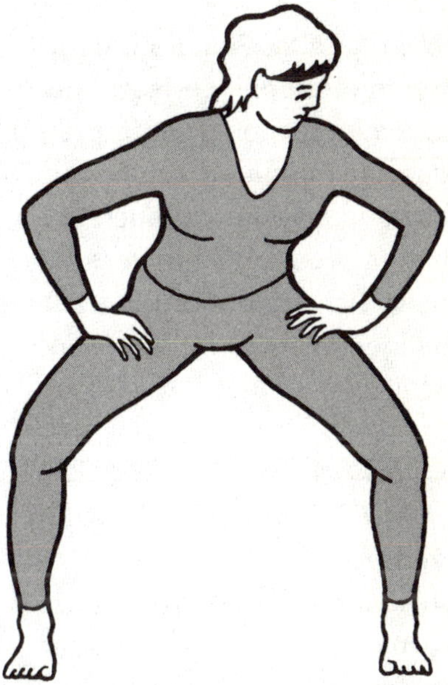

Übung 5b

ten Sie den Rücken gerade, schieben Sie das Becken nicht zu weit nach hinten. Atmen Sie in dieser Stellung aus. Erst jetzt schieben Sie mit einer Bewegung den Po nach hinten, dabei wird gleichzeitig der Oberkörper nach vorne gebeugt und der Kopf gesenkt (Abb. 5a). Achten Sie darauf, dass Ihre Hüften langsam einknicken. Bleiben Sie in dieser Stellung und wenden Sie nun den Kopf und den Oberkörper nach links. Der Po wird parallel zu dieser Bewegung nach rechts geschoben (Abb. 5b). Mit den Augen fixieren Sie einen Punkt links von Ihrem linken Fuß. Wie bei allen Tai-Chi-Übungen gehen Sie nun

schrittweise in die Ausgangsposition zurück und wiederholen das Gleiche in die andere Richtung.
Wichtig: »Das Feuer aus dem Herzen treiben« bedeutet nach der chinesischen Symbolsprache, dass Sie mit dieser Übung aufgestauten Ärger abbauen können (aus dem Herzen vertreiben). Sich seiner Sorgen zu entledigen entspannt Körper und Seele.

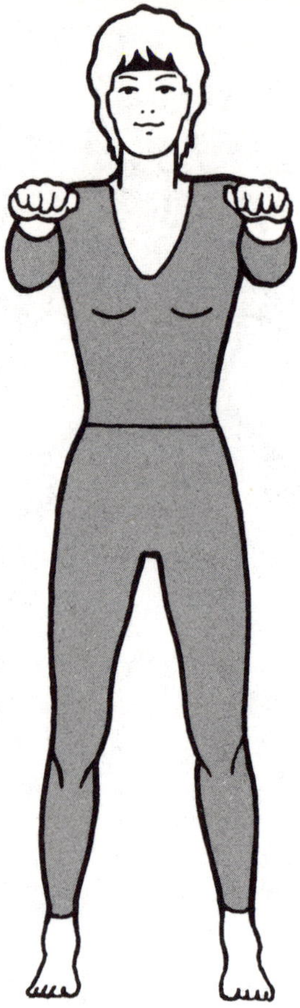

Übung 6a

Übung 6
»Die Füße mit den Händen fassen«

Ausgangsstellung »Bär«. Die Arme werden bis zur Schulterhöhe angehoben und die Hände dabei leicht angespannt (Abb. 6a). Während Sie einatmen, senken Sie Arme und Oberkörper nach unten. Die Knie dürfen etwas stärker eingeknickt sein, die Hände sollten den Boden berühren. Jetzt drücken Sie die Beine so weit wie möglich durch, ohne dass Ihre Hände den Bodenkontakt verlieren (Abb. 6b). Nach dieser kurzen Anspannung dürfen Sie wieder in sich zusammensinken und eine leichte Hockstellung einnehmen. Im zweiten Teil der Übung richten Sie sich langsam auf, so dass sich Wirbel für Wirbel aufbaut. Die Hände gehen gleichsam nach oben und wer-

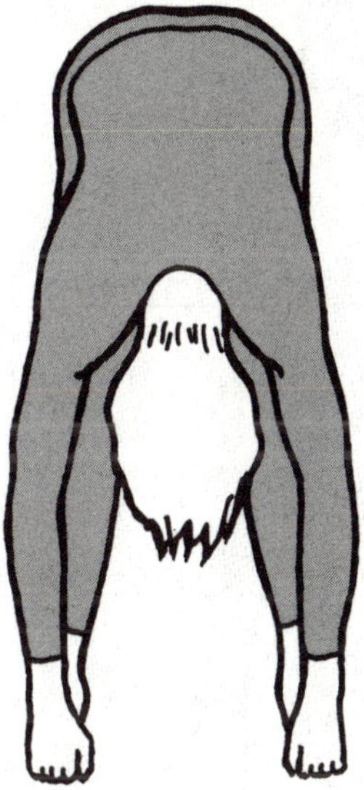

Übung 6b

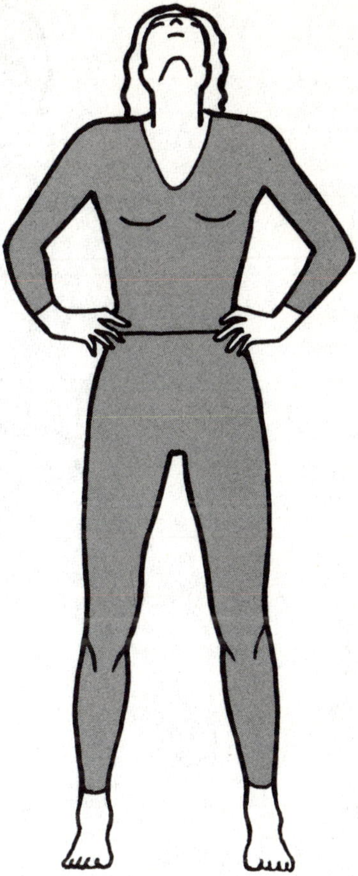

Übung 6c

den in Höhe der Hüften seitlich aufgestützt. Wenn Sie wieder die gerade Haltung erreicht haben, strecken Sie den Kopf nach hinten und schauen zur Decke hin (Abb. 6c). Jetzt geht es zurück zur Ausgangsstellung und die Übung wird wiederholt. Wichtig: Bei hohem Blutdruck diese Übung nicht ausführen. Bei niedrigem Blutdruck schafft sie einen Ausgleich.

Übung 7a

Übung 7
»Die Fäuste schließen, die Augen funkeln«

Ausgangsstellung »Pferd«. Beim Einatmen ballen Sie die Hände zu Fäusten und stemmen sie in die Hüften (Abb. 7a). Nehmen Sie dabei die Schultern zurück, so dass Ihre Ellenbogen nach hinten zeigen. Jetzt atmen Sie

Übung 7b

aus. Wenden Sie den Kopf nach links und heben Sie den linken Arm bis auf Schulterhöhe. Die Faust bleibt geschlossen. Mit den Augen schauen Sie nun über Ihren Handrücken und fixieren einen Punkt in der Ferne. Die Faust zeigt nach unten und die Schultern bleiben waagerecht (Abb. 7b). Lösen Sie

Übung 7c

nun den Blick, und senken Sie gleichzeitig den Arm durch das Anwinkeln des Ellenbogens. Dann schauen Sie geradeaus und stemmen die Faust in die Seite (Abb. 7c). Das Ganze mit der rechten Seite wiederholen. Wichtig: Diese Übung senkt den Blutdruck. Sie löst Verspannungen im Nacken und Rücken.

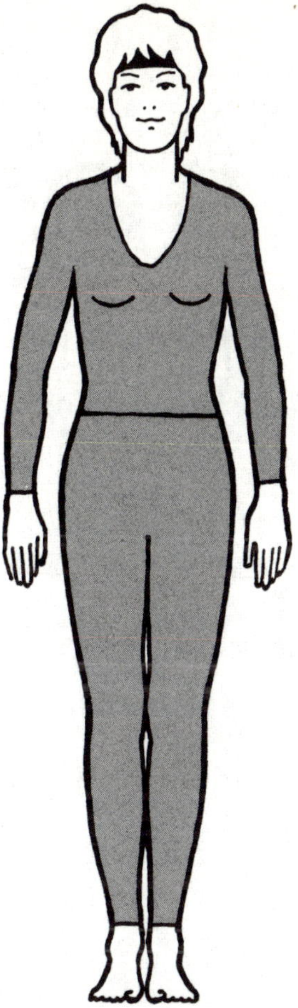

Übung 8a

Übung 8b

Übung 8
»Den Rücken strecken und 100 Krankheiten vertreiben«

Für diese Übung brauchen Sie eine neue Ausgangsstellung, den »Adler«. Dabei stehen Sie aufrecht, die Füße stehen nebeneinander, der Rücken ist gerade und die Arme liegen leicht angewinkelt am Körper

(Abb. 8a). Mit dem Einatmen legen Sie die Hände auf den Rücken, die Handinnenflächen zeigen nach unten, und die rechte Hand liegt auf der linken. Die Arme sind dabei angewinkelt und die Daumen miteinander verhakt. Atmen Sie jetzt aus. Wenn Sie erneut Luft holen, strecken Sie sich gleichzeitig in die Höhe, so dass Sie auf den Zehenspitzen stehen. Nun soll auch die Nackenpartie gestreckt werden. Das geht am leichtesten, wenn Sie Ihr Kinn leicht absenken. Ganz automatisch werden die Arme bei dieser Bewegung ausgestreckt. Stellen Sie sich vor, Sie sollten mit den Armen hinter dem Rücken etwas hinunterdrücken (Abb. 8b+c). Beim Ausatmen gehen Sie dann zurück in die Ausgangsposition.

Wichtig: Mit dieser letzten Übung, der achten Brokate, wird die gesamte Muskulatur beansprucht. Hierdurch können Verspannungen und Versteifungen gelöst werden, die Blutzirkulation wird angeregt – der Körper kann sich dabei total entspannen.

Übung 8c

Do In

Do In ist in der westlichen Welt weniger bekannt als beispielsweise Yoga und Tai Chi und doch gehört es zu den ältesten fernöstlichen Übungsprogrammen, die zur Entspannung von Körper und Seele eingesetzt werden. Do In bedient sich dabei aus dem breiten Angebot asiatischer Heilkünste und Philosophien. Es besteht aus Meditationen und Akupressurtechniken, Yoga-ähnlichen Übungen und Gymnastik. Wie bei allen fernöstlichen Entspannungstechniken steht auch beim Do In eine spezielle Denkweise und Weltsicht im Hintergrund. Wer sich mit Do In näher befassen möchte, muss nicht nur mehr über das Yin und Yang (siehe Seite 74 Tai Chi) lernen, sondern sollte sich auch mit der Makrobiotischen Ernährungsweise beschäftigen.

Do In und Makrobiotik

Von Do-In-Experten wird eine direkte Verbindung zwischen den Übungen und der Makrobiotik hergestellt. Diese Ernährungsform basiert auf der fernöstlichen Denkweise des Yin und Yang. In der makrobiotischen Ernährungsphilosophie findet man viele Komponenten des Vegetarismus. So wird auf Fleisch und tierische Produkte weitestgehend verzichtet. Rund 60 Prozent der gesamten Ernährung soll mit Getreide und Getreideprodukten bestritten werden. Eier, Milchprodukte und Alkohol sollen wenig, hingegen Gemüse, Obst, Soja- und Algenerzeugnisse viel gegessen werden.

Do In und Entspannung

Das Do In ist eine äußerst zielorientierte Entspannungstechnik. So gibt es beispielsweise eine Übungsreihe, die vorzugsweise am Morgen praktiziert wird, um die Lebensgeister zu wecken und Energien zu aktivieren. Im Gegensatz dazu gibt es ein Übungsprogramm für den Abend, das dazu dienen soll, aufgestauten Stress und Ärger abzubauen und für komplette Entspannung zu sorgen. Der Körper und der Geist – so die Philosophie – sollten am Ende eines Tages wieder zur »natürlichen Ordnung« zurückkehren, das heißt, in Harmonie zueinander stehen. Im Do In geht man davon aus, dass in einem Moment, in dem sich der Körper durch Übungen entspannt, auch die Seele durchatmen kann und zur Ruhe kommt.

Do In im Alltag

Natürlich würden sich wahre Do-In-Anhänger niemals mit einer dieser recht einfachen Beschreibung der Philosophie zufrieden geben. Für sie geht es auch um universelle Weltsichten und makrobiotische Lebensweise. Andererseits stellt das Do In eine Entspannungstechnik dar, die auch von Neulingen problemlos nachvollzogen werden kann. Vorkenntnisse und Vorbereitungen sind kaum notwendig, Do In kann überall und zu jeder Zeit, hier und jetzt, eingesetzt und durchgeführt werden. Ein wichtiger Punkt ist die Übungsdauer, sie kommt dem gestressten Menschen sehr entgegen, denn für Do In brauchen Sie nicht viel Zeit. Demzufolge kann Do In in den Alltag problemlos integriert werden, bedarf keiner besonderen Anstrengung und stellt keine zusätzliche Belastung dar.

Zu den Übungen

Die Übungen des Do In haben das Ziel, die äußeren Energien auf das Körperinnere und den Geist zu lenken. Dadurch wird eine Einheit von äußerer und innerer Welt erreicht. Die Bewegungen des Do In sind einfach und natürlich, die Techniken intuitiv und logisch. Wie schon erwähnt, gibt es im Do In verschiedene Übungsreihen, die unterschiedliche Ziele verfolgen. Die Übungen auf den nächsten Seiten gehören zu den »20 Abendübungen des Do In« und sind ausschließlich auf die Entspannung ausgerichtet. Alle Do-In-Bewegungsabläufe werden normalerweise in aufeinanderfolgenden und ineinander übergehenden Schritten gemacht. Einige der »20 Abendübungen« stellen allerdings hohe körperliche Anforderungen an den Menschen, und wer nicht wirklich gut trainiert ist, könnte Probleme bekommen. Diese Übungen wurden ausgelassen. Sie finden auf den folgenden Seite nur 18 der normalerweise 20 Übungsschritte. Die Übungen werden auf dem Boden oder auf einer harten Matratze ausgeführt.

Do In auf einen Blick

Do In – für wen: Für alle Menschen, die nach einer einfachen Entspannungstechnik suchen, die wenig Zeit in Anspruch nimmt.
Kleidung: bequem.
Kosten: keine.
Gesundheitliche Einschränkungen: Rücken- und Bandscheibenprobleme.
Voraussetzungen: Aufwärmübungen (Seite 132 ff.).

Übung 1

Stellen Sie sich in aufrechter Haltung und mit geradem Rücken hin. Alle Körperteile sollten sich entspannen, atmen Sie ruhig und langsam. Ihr Schwerpunkt liegt im Bereich des Unterleibs, das heißt, direkt unterhalb des Nabels.

Übung 2

Heben Sie nun die Arme so weit wie möglich über den Kopf, lehnen Sie sich zurück und strecken Sie somit den vorderen Körperbereich – die Brust, den Bauch, die Schenkel und die Beine. Die Augen blicken nach oben. Halten Sie diese Stellung zehn bis 15 Sekunden.
Wichtig: Wer Rückenprobleme hat, sollte sich nur nach oben und nicht nach hinten strecken.

Übung 3

Nun atmen Sie langsam und lange aus und beugen sich dabei nach vorne, bis die Hände (im Idealfall) den Boden berühren. Versuchen Sie die Knie dabei durchgestreckt zu halten, wenn das nicht gelingt, lassen Sie sie einknicken. Sie können die Arme aber auch einfach hängen lassen und versuchen, beim nächsten Ausatmen ein Stück tiefer zu kom-

Übung 4

men. In dieser Position bleiben Sie zehn bis 15 Sekunden. Dann wiederholen Sie Übungsschritt 2, indem Sie sich wieder nach hinten strecken, zehn Sekunden verharren und sich vornüber zum Boden beugen. Wichtig: Die Übungsschritte 2 und 3 werden in der Kombination dreimal wiederholt.

Übung 4

Setzen Sie sich nun auf den Boden, die Beine sind ausgestreckt und die Zehen zeigen senkrecht nach oben. Dann öffnen Sie das rechte Bein auf ungefähr 45 Grad und winkeln das Bein an, bis das Knie vollkommen eingeknickt ist. Mit der linken Hand stützen Sie sich links

Übung 5

vom Körper ab, die rechte Hand drückt auf das rechte Knie und führt es zu Boden. Dabei atmen Sie lange aus.
Diese Übung machen Sie dreimal mit dem rechten und dreimal mit dem linken Bein.
Wichtig: Diese Übung darf nicht bei Hüftproblemen durchgeführt werden.

Übung 5

Sie bleiben auf dem Boden sitzen und spreizen die Beine auseinander. Jetzt winkeln Sie beide Knie an, so dass die Fußsohlen zueinander stehen. Fassen Sie mit den Händen die Zehen beider Füße, die Daumen werden oben über Kreuz gelegt. Dann beugen Sie Ihren

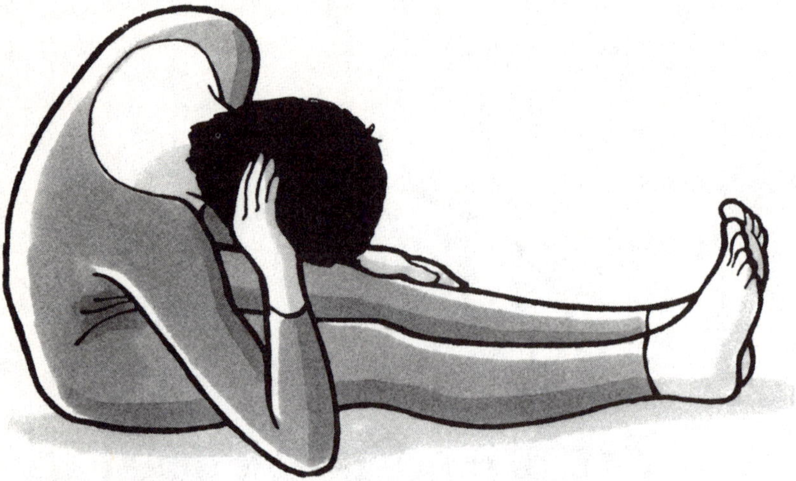

Übung 7a

Kopf – während Sie lange ausatmen – nach vorn, so dass die Stirn im Idealfall die überkreuzten Daumen berührt. Die Übung dreimal wiederholen. Wichtig: Beim Absenken des Kopfes sollten die Knie am Boden bleiben. Wenn Ihnen das nicht gelingt, dürfen Sie die Knie leicht abheben. Mit etwas Training gelingt Ihnen sicher bald auch die »perfekte« Form.

Übung 6

Sie sitzen auf dem Boden, die nach vorne ausgestreckten Beine sind geschlossen. Beugen Sie nun den Oberkörper nach vorn und fassen Sie (wenn möglich) mit den Fingern Ihre Zehen. Wenn das nicht geht, fassen Sie nur die Schenkel. Der Kopf wird so gesenkt, dass er die Knie idealerweise berührt. Die Beine bleiben dabei ausgestreckt auf dem Boden liegen. Wichtig: Diese Übung bereitet

Übung 7b

vielen Menschen Schwierigkeiten. Übertreiben Sie es nicht, wenn es schmerzt, aufhören.

Übung 7

Sie sitzen wieder mit geschlossenen, gestreckten Beinen auf dem Boden. Sie legen nun die rechte Hand an den Hinterkopf, die linke Hand ist seitlich am linken Knie (Abb. 7a). Haben Sie Nackenschmerzen, legen Sie die Hände nicht an den Hinterkopf, sondern auf die Ohren. Beugen Sie sich nun so, dass der rechte Ellenbogen seitlich des rechten Knies den Boden berührt. Der Kopf und der Oberkörper drehen sich dabei nach links (Abb. 7b). Diese Übung ist wiederum mit einem langen Ausatmen verbunden. Wiederholen Sie diese Übung wechselseitig dreimal.

Übung 9

Übung 8

Sie nehmen die Grundstellung ein wie bei Übung 6 und 7. Beugen Sie den Oberkörper nach vorn, halten mit den Händen die Knöchel seitlich fest und berühren mit der Stirn die Knie. Richten Sie sich auf und wiederholen Sie dreimal. Wichtig: Die ausgestreckten Beine auf dem Boden lassen.

Übung 9

»Natürlich richtige Haltung«: Dazu gehen Sie mit leicht geöffneten Beinen auf die Knie, legen die Füße (das vordere Drittel) übereinander und setzen sich zurück. Nun falten Sie die Hände hinter dem Kopf, drücken Sie jedoch nicht dagegen. Mit einem langen Ausatmen biegen Sie Ihren Oberkör-

Übung 10a

per nach rechts und leicht nach vorne. Gleichzeitig wenden Sie Ihr Gesicht leicht nach links und strecken dadurch die linke Körperseite. Gehen Sie zurück zur Ausgangsstellung und wiederholen Sie die Übung abwechselnd dreimal auf jeder Seite.

Übung 10

Die »Natürlich richtige Haltung« ist wieder Ausgangsposition. Die Knie sind dicht beieinander, die Hände hinter dem Kopf verschränkt. Indem Sie lange ausatmen, biegen Sie Ihren Körper so weit wie möglich nach vorne. Im Idealfall berührt Ihr Kopf vor den Knien den Boden (Abb. 10a). Kehren

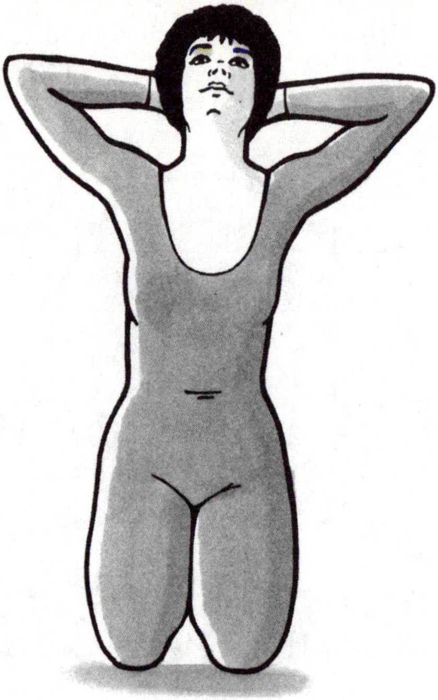

Übung 10b

Sie in die Ausgangsposition zurück (Wirbel für Wirbel aufrollen) und strecken Sie sich nun nach hinten – die Augen sind nach oben gerichtet (Abb. 10b). Dreimal wiederholen.

Übung 11

Ausgangsposition wie bei Übungsschritt 9. Stellen Sie das rechte Bein angewinkelt auf und beugen Sie Ihren Kopf darüber, so dass die rechte Augenbraue das rechte Knie berührt. Wenn der Rücken dabei schmerzt, legen Sie nur das Kinn auf. Wer Probleme hat, den linken Fuß gerade am Boden zu lassen, schiebt ein gerolltes, kleines Handtuch unter die Zehen. Machen Sie diese Übung abwechselnd dreimal. Wichtig: Scheinbar ganz einfach, gelingt aber nicht allen.

Übung 12
Ausgangsposition wie bei Übungsschritt 9. Die Beine sind geschlossen. Legen Sie nun die linke Hand auf die rechte Seite des rechten Oberschenkels und legen Sie die rechte Hand auf die linke Seite des Pos.
Während die Augen geradeaus schauen, wendet sich der Oberkörper nach rechts (dabei lange ausatmen). Übung mit jeder Seite dreimal wiederholen.

Übung 13
Ausgangsposition wie bei Übungsschritt 9. Winkeln Sie beide Arme an, mit der rechten Hand greifen Sie über die Schulter zum Rücken hinunter. Die linke Hand greift von unten den Rücken hinauf. Im Idealfall können sich die Hände berühren. Diese Übung kommt aus dem Yoga (Seite 58). Machen Sie die Übung abwechselnd mit beiden Armen jeweils dreimal.

Übung 14
Nun setzen Sie sich mit ausgestreckten, geschlossenen Beinen auf den Boden, die Zehen zeigen senkrecht nach oben.
Während Sie durch den Mund ausatmen, heben Sie Ihre Füße langsam an, beugen den Oberkörper zurück, wobei beide

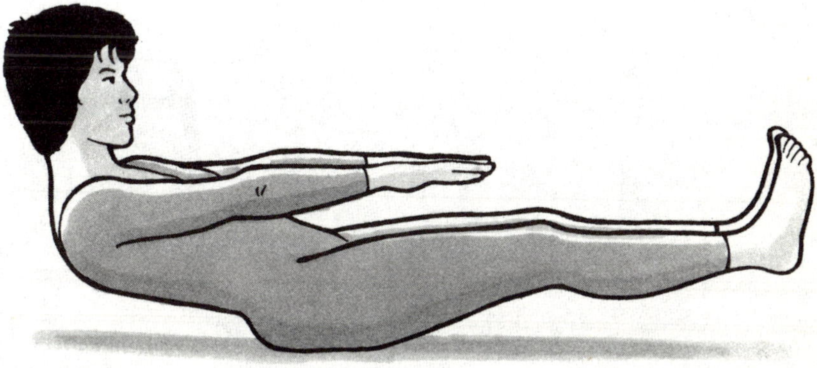

Übung 14

Arme in Richtung Füße gerade ausgestreckt sind. Der Kopf ist angehoben, die Augen schauen die Füße an. Sie balancieren sozusagen auf dem Po. Halten Sie diese Position zehn bis 15 Sekunden.

Übung 15

Sie liegen flach auf dem Boden, die Beine sind ausgestreckt und die Füße zeigen nach oben. Aus dieser Position heben Sie den Oberkörper langsam und so weit wie möglich nach vorne, und zwar Wirbel für Wirbel aufrichten. Strecken Sie die Arme aus und versuchen Sie Ihre Zehen zu berühren oder gar zu umfassen. Drei- bis fünfmal wiederholen. Danach entspannen Sie sich, indem Sie auf dem Boden liegen bleiben.
Wichtig: Im Idealfall sollten die Knie nicht eingeknickt werden und die Fersen am Boden bleiben. Das braucht Übung.

Übung 16

Sie liegen nun auf dem Bauch, die Handinnenflächen fassen Ihre Hüften, die Knie sind angewinkelt und die Unterschenkel gerade nach oben gestreckt. Mit einem langen Ausatmen heben Sie die Brust so weit wie möglich an, dann wieder auf den Boden gleiten lassen und entspannt einatmen. Dreimal wiederholen.

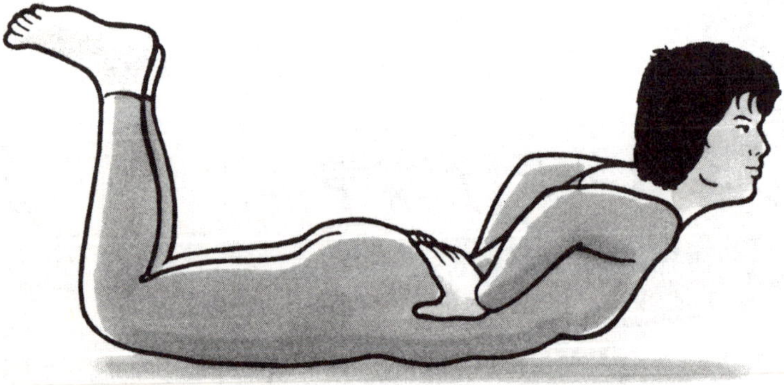

Übung 16

Übung 17

Gehen Sie in den Kniestand, wobei die Unterseite der Zehen den Boden berühren. Dann strecken Sie die Arme so weit wie möglich nach vorne und lassen die Handinnenflächen über den Boden gleiten (Abb. 17a). Hände und Füße bleiben in der gleichen Position, aber nun schieben Sie Ihren Körper nach vorn und heben

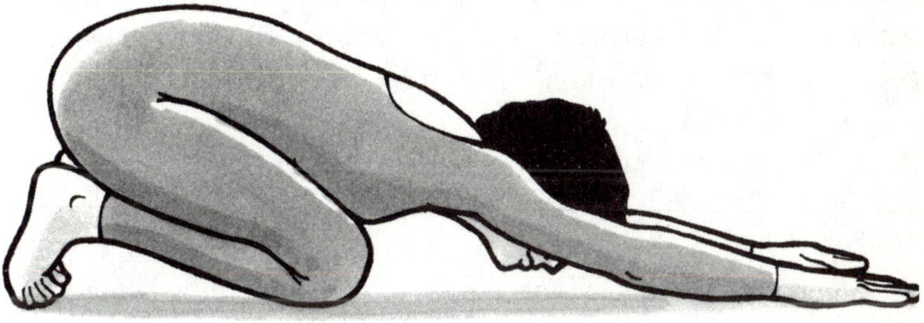

Übung 17a

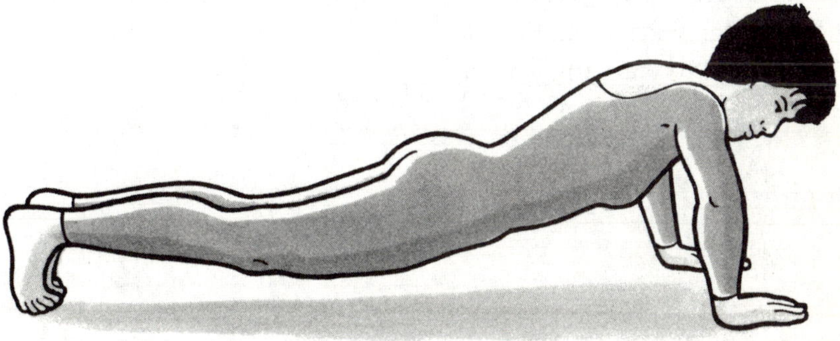

Übung 17b

die Knie vom Boden ab. Der Körper wird von den Händen ähnlich wie beim Liegestütz getragen. Beugen Sie die Arme an (unter langem Ausatmen) und bleiben Sie so lange wie möglich in dieser Position (Abb. 17b). Wenn Sie diese Stellung nicht mehr halten können, setzen Sie sich wieder auf die Knie und schieben den Oberkörper zurück. Dreimal wiederholen und anschließend auf dem Boden liegend entspannen.

Übung 18

Sie liegen auf dem Bauch, die Beine sind ausgestreckt und die Fußoberseite berührt den Boden. Stützen Sie sich nun mit beiden Armen auf, atmen Sie ein und recken Sie den Oberkörper nach vorn oben. Richten Sie sich nur so weit auf, wie es keine Schmerzen verursacht. Wenn Sie ausatmen, drehen Sie Ihren Kopf nach hinten, soweit das möglich ist, und dehnen den Hals. Beugen Sie den Kopf wieder und atmen Sie ein. Wenden Sie den Kopf beim Ausatmen dreimal nach rechts und dreimal nach links.
Wichtig: Bei Bandscheibenproblemen stützen Sie sich nur auf die Ellenbogen auf.

Zum Schluss

Legen Sie sich auf den Rücken, schließen Sie die Augen und bleiben Sie so lange liegen, bis sich Ihre Atmung wieder normalisiert hat.
Wichtig: Die Übungen eins bis 14 können auch – selbst wenn man sie dreimal wiederholen sollte – nur einmal gemacht werden.

Der westliche Weg zur Entspannung

Progressive Muskelentspannung, Eutonie und Soft-Fitness

Die News, Tips und Trends in Sachen Fitness und Entspannung kommen zumeist aus den USA. Dort werden vornehmlich alte Methoden aufgegriffen, ein wenig modernisiert und mit einem peppigen Titel wieder auf den Markt geworfen. Mit Aerobic fing es einst an und seitdem gibt dieser Trend den Ton in den Fitness-Studios an. Für dieses Kapitel wurden drei Entspannungsmethoden ausgewählt, die auf sehr gegensätzliche Art und Weise für Ruhe und Ausgeglichenheit sorgen. Sie sind neu, weil sie nicht auf eine jahrtausendealte Tradition zurückblicken können und sie sind sehr westlich, weil sie auf eine Hintergrundphilosophie weitgehend verzichten und den Erfolg der Methode in den Vordergrund stellen.

Die »Progressive Muskelentspannung« beispielsweise wurde 1934 von dem Wissenschaftler Edmund Jacobsen entwickelt und gilt seither als Entspannungstherapie pur. Sie hat sich in relativ kurzer Zeit zur Grundentspannungsmethode für viele andere Techniken gemausert, zum Beispiel für das Autogene Training, und hat sozusagen eine eingebaute Erfolgsgarantie. Das große Plus – wer sie beherrscht, schafft es auch in der größten Hektik, ruhig zu werden.

Die »Eutonie« geht etwas anders an die Sache heran. Dieser Methode liegt die Erfahrung zugrunde, dass unser Körper eine gewisse »Grundspannung« braucht, um optimal funktionieren zu können. Wer zuwenig Spannung hat, ist schlapp, wer zuviel Spannung hat, ist überdreht. Der Ausgleich der Energi-

en ist das angestrebte Ziel – und sanfte Körpererfahrung ist der Weg dorthin.
Die »Soft-Fitness« schließlich rundet dieses Kapitel ab. Hier wird versucht, die neuesten Erkenntnisse in Sachen Fitness zu bündeln und zu einem kompakten Entspannungspaket zu schnüren. Der Begriff »Soft-Fitness« ist wissenschaftlich nicht untermauert, je nach Trainer enthält sie Elemente des Stretching und des Softmoving, garniert mit einer Prise Aerobic oder was sonst gerade angesagt ist. Generell funktionieren die Übungen nach dem Prinzip »Weniger ist mehr« – weniger Anstrengung bietet oft mehr Entspannung.
Der westliche Weg zur Entspannung ist ein interessanter Weg. Es ist ein Weg, der für jeden Entspannungsgeschmack etwas zu bieten hat, für den Hektiker ebenso wie für den Körperfühlenden, für den Bewegungsfreak ebenso wie für die stillen Vertreter.

Progressive Muskelentspannung

Die Progressive Muskelentspannung ist das Anti-Stress-Programm mit Erfolgsgarantie, behaupten Experten. Tatsache ist, es ist eine recht einfache und doch höchst wirkungsvolle Methode, Alltagsärger und Anspannung loszuwerden. Wenn wir gestresst sind, verspannen sich unsere Muskeln. Der Wissenschaftler Edmund Jacobsen entdeckte schon 1934: Wer es schafft, die Muskeln bewusst zu lockern, kommt auch psychisch wieder ins Gleichgewicht. Jacobsen entwickelte nach dieser Erkenntnis die Progressive Muskelrelaxation (PM) oder Progressive Muskelentspannung. Dabei geht es um das wechselnde Anspannen und Loslassen bestimmter Körperpartien. Nacheinander spannt man Muskeln an, steigert die Spannung bis zur Schmerzgrenze, um blitzartig wieder loszulassen.

Wie wirkt Progressive Muskelentspannung?

Während der Anspannung verbrennen die Muskeln Nährstoffe, die sie in der Entspannungsphase auftanken müssen. Dadurch erhöht sich die Blutzufuhr und die Sauerstoffversorgung des ganzen Körpers. Durch diesen Vorgang spürt man ein warmes Prickeln in den Muskeln. Diese werden durch die Überanstrengung in de Anspannungsphase so erschöpft, dass danach tiefe Entspannung eintritt. Es wird dadurch ein Zustand erreicht, wie man ihn sonst nur im Schlaf erlangen kann.

Progressive Muskelrelaxation und Entspannung

Diese Methode bietet Entspannung aus erster Hand und auf dem direktesten Weg. Wer regelmäßig übt, reagiert auch in angespannten Situationen gelassener, kann sich besser konzentrieren und daraus neue Energie schöpfen – ganz gleich, ob am Arbeitsplatz oder zu Hause.

Darüber hinaus ist die Progressive Muskelentspannung eine gute Vorbereitungsübung für viele andere Entspannungstechniken, die bereits in diesem Buch vorgestellt wurden, wie zum Beispiel für das Autogene Training (siehe Seite 32). Sie ebnet somit nicht nur den Weg zu verschiedenen Entspannungsweisen, sondern ist an sich schon Entspannung pur.

Zu den Übungen

Wenn Sie diese Technik von Grund auf erlernen möchten, sollten Sie am besten einen Kurs besuchen oder eine persönliche Einweisung durch einen Arzt wählen. Progressive Muskelentspannung lässt sich jedoch auch aus Büchern lernen und deshalb werden auf den folgenden Seiten zwei Variationen vorgestellt. Die erste Übung stellt eine ausführliche Einführung in die Progressive Muskelentspannung dar, sie beansprucht etwas mehr Zeit. Die andere Übung ist die »Schnell-Methode« für unterwegs oder für den Arbeitsplatz.

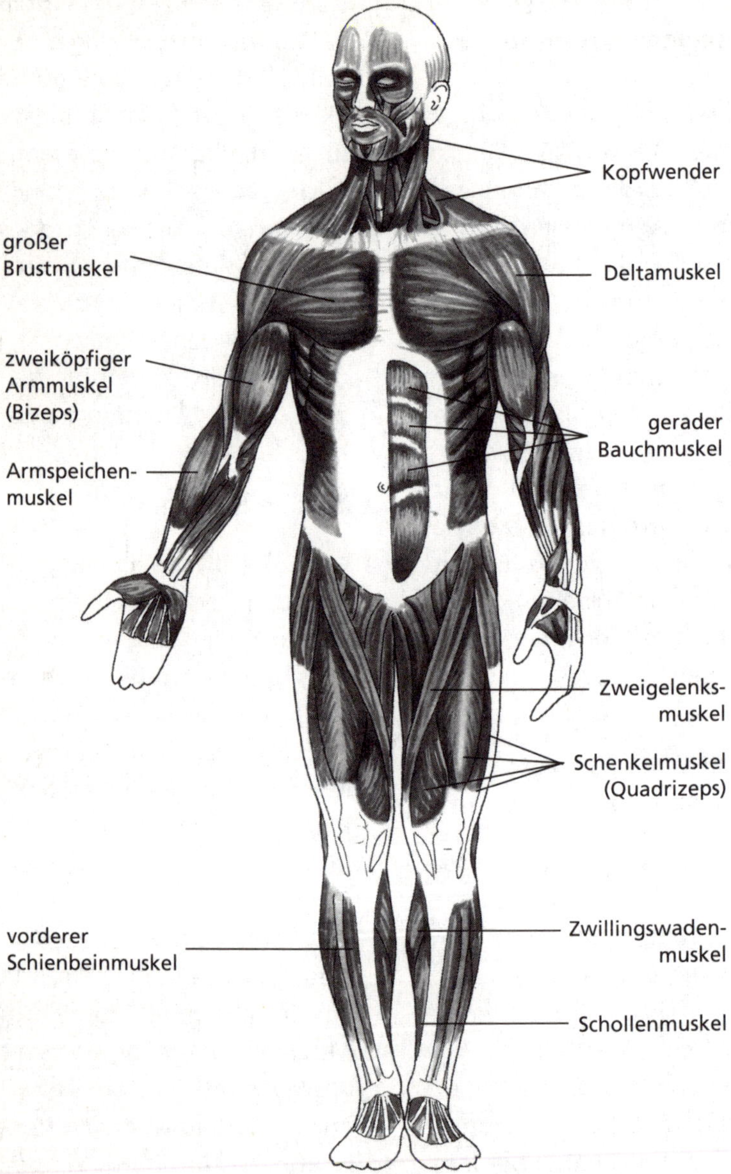

Muskeln des Menschen (Vorderansicht)

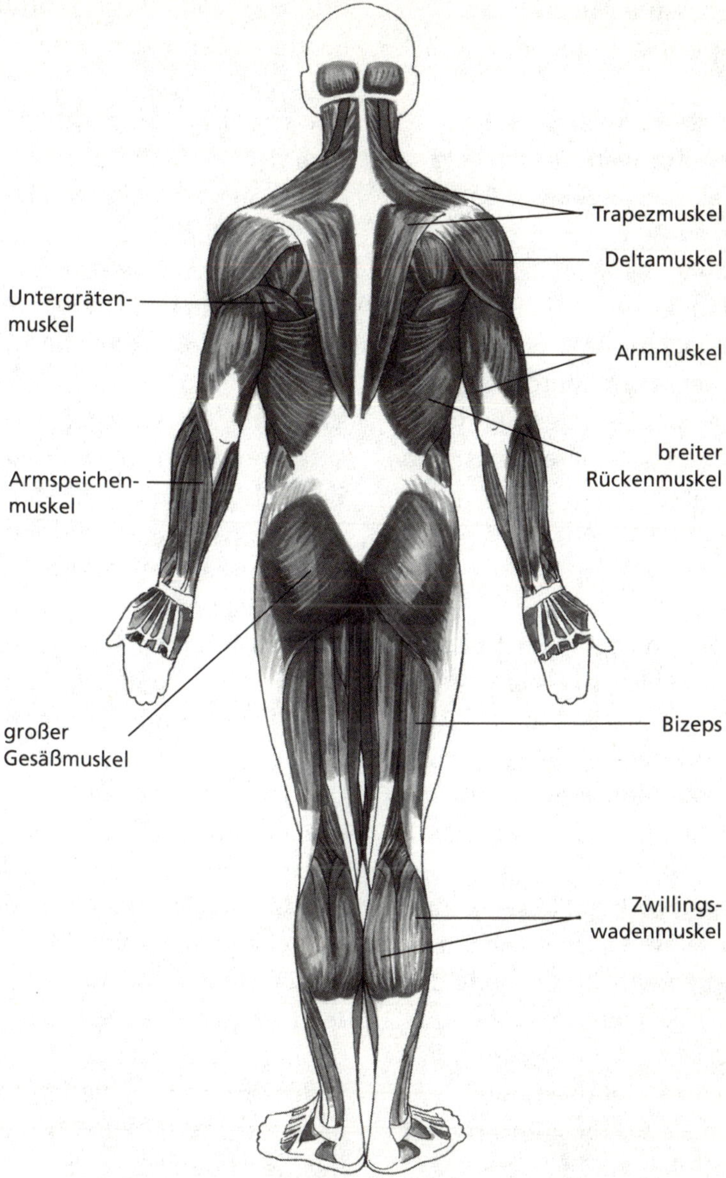

Muskeln des Menschen (Rückenansicht)

Progressive Muskelentspannung auf einen Blick

Progressive Muskelentspannung – für wen: Für alle, die schnelle und bewusste Entspannung suchen.
Kleidung: bequem.
Kosten: keine.
Gesundheitliche Einschränkungen: senkt den Blutdruck; wer also einen niedrigen Blutdruck hat, dem wird unter Umständen schwindlig.
Voraussetzungen: keine.

Übung 1

Für diese ausführliche Übung der Muskelentspannung brauchen Sie etwa 30 Minuten Zeit und anschließend noch einmal zehn Minuten zum Ausruhen. In der Folge lesen Sie einen Text, den Sie sich von einem Partner langsam vorlesen lassen können oder selbst auf ein Tonband sprechen, um ihn während der Übung abspielen zu können. Ein Walkman mit Kopfhörern ist dafür sehr gut geeignet.
Legen Sie sich ausgestreckt auf den Rücken und schließen Sie die Augen. Sie konzentrieren sich jetzt voll und ganz auf folgende Anweisungen und führen Sie genau aus:
»Sie sind ganz ruhig und entspannt.«
Atmen Sie ganz ruhig aus und ein, aus und ein.
Beim nächsten Einatmen ballen Sie die rechte Hand zur Faust. Ganz fest! Noch fester! Ja, so ist es gut!
Nun atmen Sie kraftvoll aus und entspannen sich wieder. Lassen Sie die Hand ganz locker fallen und fühlen Sie, wie die Spannung langsam entweicht.
Atmen Sie wieder ein und aus.
Beim nächsten einatmen ballen Sie Ihre linke Hand zur Faust. Ganz fest! Noch fester! Ja, so ist es gut!
Und jetzt entspannen Sie sie wieder und atmen aus. Lassen Sie die Hand ganz locker fallen, und fühlen Sie, wie die Spannung langsam entweicht.
Atmen Sie ein und aus.
Jetzt wieder einatmen und dabei beide Hände zu Fäusten ballen. Pressen Sie die Finger ganz fest zusammen. Noch ein bisschen fester! Ja, gut so!
Nun atmen Sie aus und ent-

spannen sich wieder, lassen Sie die Hände locker fallen und fühlen Sie, wie die Spannung langsam entweicht. Atmen Sie ganz ruhig ein und aus, ein und aus.
Fühlen Sie den Unterschied.
Sie sind ganz ruhig und entspannt.
Und nun atmen Sie ein und spannen das rechte Bein und den rechten Fuß an. Ganz fest! Noch fester anspannen! Gut so! Atmen Sie jetzt kraftvoll aus und entspannen Sie sich. Lassen Sie das Bein locker fallen und fühlen Sie, wie die Spannung langsam entweicht.
Atmen Sie ganz ruhig ein und aus, ein und aus.
Beim nächsten Einatmen spannen Sie das linke Bein und den linken Fuß an. Ganz fest anspannen! Gut.
Nun atmen Sie aus und lassen das Bein wieder locker fallen. Spüren Sie, wie die Spannung entweicht?
Wieder ganz ruhig ein- und ausatmen.
Atmen Sie nun ein und spannen Sie beide Beine und Füße an. Ganz fest, so fest es geht!
Atmen Sie aus und lassen Sie jetzt die Beine wieder locker. Fühlen Sie, wie die Spannung aus den Beinen entweicht. Ist das nicht ein angenehmer Unterschied?
Sie atmen wieder ruhig ein und aus, sind ganz entspannt und locker.
Beim nächsten Einatmen ballen Sie noch einmal beide Hände zu Fäusten fest zusammen und spannen gleichzeitig die Beine an. Strecken Sie die Beine nach vorn, heben Sie sie an, beißen Sie dabei die Zähne fest zusammen und halten Sie diese Spannung einige Sekunden.
Und jetzt atmen Sie hörbar aus und entspannen sich wieder. Lassen Sie Beine und Arme locker fallen. Spüren Sie der Spannung nach, wie sie aus Ihren Fingerspitzen entweicht, aus den Armen, aus den Schultern, aus dem Gesicht. Genauso wie aus den Füßen, den Unterschenkeln, aus den Oberschenkeln und aus Ihrem ganzen Körper. Atmen Sie nun ruhig und gleichmäßig.
Und nun sind Sie ganz ruhig und entspannt.

Ihr Körper fühlt sich warm und schwer an – ein wohliges Gefühl, das Sie überall spüren können. Ihre Atmung geht leicht und ruhig. Wenn Sie nun aus dieser Entspannung zurückkehren, ballen Sie Ihre Hände zu Fäusten und zählen Sie von fünf rückwärts bis null. Öffnen Sie nun die Augen und richten Sie sich langsam auf. Jetzt noch zehn Minuten ausruhen.

Übung 2

Setzen Sie sich locker auf einen Stuhl ohne Lehnen. Sie strecken die Beine weit aus und lassen die Arme schlaff herunterhängen. Drücken Sie nun die Fersen so fest es geht gegen den Boden und richten Sie die Zehen so weit wie möglich nach oben. Spannen Sie dabei auch ganz bewusst die Waden und die Oberschenkel an. Halten Sie diese Spannung für etwa zehn Sekunden. Danach loslassen und im Sitzen strecken und räkeln. Als Nächstes spannen Sie die Pomuskulatur an – so fest es geht und zehn Sekunden halten. Dann wieder locker lassen. Nun ballen Sie Ihre Hände zu Fäusten und führen die Arme seitlich nach unten. Strecken Sie die Arme und drehen Sie sie nach außen, so dass die Handrücken nach innen zum Körper hin zeigen. Versuchen Sie gleichzeitig mit dieser Spannung die Schulterblätter hinten zusammenzuziehen – zehn Sekunden halten und anschließend entspannen. Zum Schluss kneifen Sie die Gesichtsmuskeln (Nase, Mund und Augen) zusammen, so fest Sie nur können. Nochmals zehn Sekunden halten. Jetzt entspannen Sie sich – strecken, dehnen und räkeln Sie den ganzen Körper genüsslich.

Eutonie

Jeden Muskel bewusst spüren, Verspannungen abbauen, das Körpergefühl verbessern, geistig präsent sein – das alles lehrt die Eutonie. Diese Entspannungstechnik wurde von der Dänin Gerda Alexander in den zwanziger Jahren entwickelt und geht im Wesentlichen von der Tatsache aus, dass wir ständig ein ausgewogenes Maß an Spannung und Energie brauchen, um allen Anforderungen des Lebens gewachsen zu sein. Die Eutonie sorgt nicht nur für perfekte Entspannung, sondern auch für neue Energie.

Was ist Eutonie?

Das Wort »Eutonie« kommt aus dem Griechischen: »Eu« bedeutet gut, wohltuend, harmonisch und »tonos« wird mit Spannung übersetzt. »Eutonie« bedeutet also »wohltuende Spannung« oder »Wohlspannung«, wie Gerda Alexander es nannte.
Die Grundidee war, dass alles, was uns umgibt, Einfluss auf uns ausübt, uns zum Handeln auffordert, zum Ausgleichen und zum Anpassen. Wir müssen Widerstand leisten, stillhalten, uns bewegen, selbst wenn wir schlafen, sind wir aktiv: Das Herz pumpt pausenlos Blut durch den Körper, das Gehirn verarbeitet Erlebnisse und Erfahrungen, die Lunge versorgt den Körper mit Sauerstoff. Für all das braucht der Mensch Energie, eine bestimmte Spannung, ohne die ein Mensch nicht leben könnte. Spannung ist also gut und nützlich, nur ein Zuviel oder ein Zuwenig davon führt zu Störungen. Sind wir stark angespannt, kommen wir nicht mehr zur Ruhe, sind hektisch, nervös und verspannt. Haben wir zu wenig Spannung, sind wir lustlos, müssen uns zu jeder Tätigkeit überwinden. Beides, Überspannung und Schlaffheit, sind Fehlspannungen oder Verspannungen, die es auszugleichen gilt.
Und genau das tut die Eutonie. Sie sorgt für Spannungsausgleich und Spannungsanpassung. Sie macht es uns möglich, neue Kraftreserven zu mobilisieren, wenn wir müde und schlapp sind. Sie ermöglicht uns aber auch, unsere Spannung zu reduzieren, ruhig zu werden und Entspannung bewusst zu machen.
Dazu ist es natürlich notwendig, ein ausgeprägtes Körperbewusstsein zu entwickeln. Nur wer auf seinen Körper hört, kann seine Signale auch richtig verstehen.

Eutonie und Entspannung

Eutonie ist nicht Entspannung pur, sondern auch immer Aufbau von neuen Energiereserven. Das Prinzip läuft darauf hinaus, dass Menschen fähig sind, in allen möglichen Situationen einen Spannungsausgleich vorzunehmen. Das heißt, Sie können neue Energien mobilisieren, wenn Sie schlapp sind, und zu viel Energie ablassen, wenn Sie verspannt sind. Das Ziel ist demzufolge nicht die Entspannung allein, sondern immer auch die Ausgeglichenheit von Körper und Geist.

Eutonie im Alltag

Eutonische Übungen für das Körpergefühl lassen sich ganz einfach in den Alltag integrieren, nur damit alleine ist es zunächst nicht getan. Für alle Übungen dieses Entspannungsweges brauchen Sie anfangs viel Zeit und Ruhe. Mit einer gewissen Routine lässt sich später die Eutonie problemlos in den Alltag integrieren. Das Ziel ist es, dass Sie es nicht mehr nötig haben, viel zu üben, da Sie bewusst Ihre Energiereserven steuern können.

Zu den Übungen

Auf den folgenden Seiten werden einige Eutonie-Übungen aus den unterschiedlichen Bereichen vorgestellt. Die wichtigsten für einen Anfänger sind die Grundübungen für das Körpergefühl, alle weiteren sind sinnvolle Ergänzungen. Um das Prinzip der Eutonie nochmals zu verdeutlichen, hier die wichtigsten Handlungsprinzipien:

- Das erste Prinzip heißt: Spüren des eigenen Körpers und dadurch Verbesserung des Körpergefühls. Eine solche Übung steht am Beginn aller folgenden Eutonie-Übungen.
- Das zweite Prinzip lautet: Kontakt-Aufnahme zu allem, womit wir es zu tun haben. Dieser Kontakt entsteht, wenn wir uns in eine Sache hineinfühlen. Dadurch werden im Körper Prozesse ausgelöst, die zu einem Spannungsausgleich führen.
- Ein weiteres wichtiges Handlungsprinzip ist das des

Streckens gegen einen Widerstand. Dabei geht es um das Kennenlernen, Auslösen und Zulassen all jener Muskelreflexe, die wir brauchen, um uns gegen die Anziehungskraft der Erde zu behaupten. Außerdem gibt es Übungen, um den Tonus zu senken. Diese dienen ausschließlich der Entspannung.

Eutonie auf einen Blick

Eutonie – für wen: Menschen, die nicht nur Entspannung, sondern auch Ausgeglichenheit suchen.
Kleidung: leicht und bequem, nichts was einengt.
Kosten: Man kann nach Büchern üben, besser ist es jedoch, einen Kurs zu besuchen.
Gesundheitliche Einschränkungen: Es gibt bei manchen Übungen Einschränkungen, diese sind dann einzeln aufgeführt. Bitte beachten!
Voraussetzungen: keine.

Grundübungen für das Körpergefühl

Grundübung 1
Tasten mit dem Rücken
Sie legen sich bequem in die Rückenlage. Sie sind ganz entspannt, die Arme ruhen neben dem Körper, die Beine sind ausgestreckt. Jetzt gehen Sie sozusagen in sich und versuchen zu spüren, welche Stellen Ihres Rückens den Boden berühren und welche nicht. Tasten Sie auf

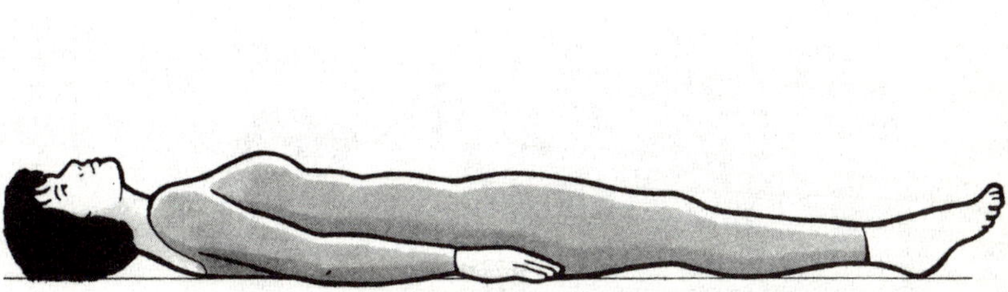

Grundübung 1

diese Weise Ihren Körper durch, und zwar in genau dieser Reihenfolge: Kopf – Nacken – Schulterbereich – Arme – Hände – Schulterbereich – Rückseite des Brustkorbes – Lendenwirbelbereich – Beckenbereich – Oberschenkel – Kniekehlen – Unterschenkel – Fersen.

Grundübung 2
Tasten mit der Vorderseite des Körpers

Legen Sie sich nun bequem in die Bauchlage, die Arme ruhen neben dem Körper, die Beine sind ausgestreckt. Gehen Sie wieder in sich und tasten Sie Ihren Körper durch. Beginnen Sie diesmal beim Becken. Wenden Sie dann Ihre Aufmerksamkeit über den Bauch aufwärts zur Brust, zu den Schultern und zum Kopf. Gehen Sie zurück zum Becken und wandern dann gedanklich hinab zu den Beinen. Spüren Sie, welche Körperteile den Boden berühren und welche nicht?

Grundübung 3
Tasten in der Seitenlage

Sie liegen auf der rechten Körperseite, der rechte Arm ist als Verlängerung des Körpers über dem Kopf ausgestreckt, der Kopf ruht auf dem Arm, die rechte Handinnenfläche liegt auf dem Boden. Die andere Hand ruht auf der Hüfte. Füße und Beine liegen genau aufeinander. Hüft- und Kniegelenke sind angewinkelt. Lassen Sie die linke Hüfte und die Schulter

Grundübung 3

nicht nach vorne fallen, so dass Sie wirklich auf der Seite liegen. Spüren Sie jetzt die Stellen, an denen Ihr Körper den Boden berührt. Beginnen Sie bei der Hüfte und gehen Sie von dort aus das Bein hinunter. Wie fühlt sich der Boden an? Gehen Sie zurück zur Hüfte, von dort aus den Rumpf entlang zur Achselhöhle, zum Arm und zur Hand. Dann spüren Sie den Kopf, der auf dem Arm ruht. Beenden Sie die Erkundungsreise, indem Sie auch den Stoff Ihrer Kleidung versuchen zu spüren, und wandern Sie »spürend« zur Hüfte zurück.

Jetzt drehen Sie sich auf den Rücken. Spüren Sie einen Unterschied zwischen den Körperseiten? Zwischen der rechten, die den Boden berührte, und der linken, die nach oben zeigte? Ist eine Seite jetzt wärmer, kräftiger, lockerer? Sie werden dabei unterschiedliche Anspannung und Entspannung spüren. Nun legen Sie sich auf die linke Körperhälfte in der Seitenlage und wiederholen die Übung gegengleich wie oben schon für die rechte Seite beschrieben.

Grundübung 4
Spüren des Körpers im Raum

Stellen Sie sich einen Küchenwecker auf fünf Minuten. Gehen Sie dann Ihrer gewohnten oder notwendigen Tätigkeit nach, also verrichten Sie zum Beispiel Küchenarbeit oder das, was gerade am Schreibtisch zu erledigen ist. Achten Sie nicht auf die ablaufende Zeit. Sobald der Wecker klingelt, verharren Sie in der Stellung, die Sie gerade innehaben, und schließen Sie die Augen. Halten Sie den Kugelschreiber weiter in der Hand, bleiben Sie in der Hocke, wenn Sie gerade etwas aufheben wollten. Jetzt spüren Sie Ihren Körper durch. Welche Körperteile sind entspannt, welche sind verkrampft? Welche Berührungspunkte haben Sie? Zum Boden? Zum Schreibtisch? Zu einem Stuhl? Wie stehen Sie im Raum? Wenn Sie so den ganzen Körper durchgespürt haben, dürfen Sie sich wieder bewegen und weiter Ihrer Tätigkeit nachgehen.

Grundübung 5 Spüren des Körpers in Bewegung

Sie sind in einer gut bekannten Umgebung, zum Beispiel in Ihrem Wohnzimmer. Sie stehen an einem Punkt, schließen die Augen und geben sich selbst einen Befehl, zum Beispiel »Geh zum Sofa und setze dich hin«. Folgen Sie Ihrem Befehl mit geschlossenen Augen, gehen Sie zum Sofa und setzen Sie sich. Dort angekommen spüren Sie Ihrem Körpergefühl nach. Waren Sie unsicher? Wie oft sind Sie irgendwo angestoßen? Haben Ihre Beine gezittert, wurden Ihre Hände feucht? Haben Sie die Augen zusammengekniffen? Hatten Sie Angst? Wie fühlte sich der Körper an, als Sie mit geschlossenen Augen durch den Raum gingen?

Übungen zur Kontaktfähigkeit

Kontakt-Übung 1 Den Arm verlängern in der Rückenlage

Für diese Übung brauchen Sie einen Stock, er sollte bereitliegen, bevor Sie mit der Übung beginnen. Sie liegen in der Rückenlage, die Arme locker am Körper. Nehmen Sie nun den Stock an einem Ende in die rechte Hand, wobei die Finger gerade sind und Ihr Daumen das Stockende umschließt. Das andere Ende des Stockes liegt in der Nähe der rechten Ferse am Boden. Spüren Sie nun den Bodenkontakt Ihrer Körperrückseite. An welchen Stellen berührt Ihre Rückseite vom Kopf abwärts bis zu den Fersen den Boden?

Lenken Sie nun Ihre Aufmerksamkeit auf die rechte Schulter, zum rechten Arm, zur rechten Hand und schließlich zum Stock, den Ihre rechte Hand hält. Spüren Sie den Stock als Verlängerung Ihres rechten Armes? Heben Sie den Stock mit gestrecktem Arm an, bewegen Sie ihn hin und her, malen Sie mit ihm Kreise in die Luft. Spüren Sie das Ende des Stockes? Diese Bewegungen führen Sie mit dem Gedanken aus »Mein Arm ist dort zu Ende, wo auch der Stock zu Ende ist«. Nach einer Weile senken Sie den Arm wieder und legen ihn neben der rechten Körperseite auf dem Boden ab. Spüren Sie genau, wie und wo der Stock den Boden berührt. Legen Sie ihn nun aus der Hand und versuchen Sie den Unterschied zwischen dem rechten und dem linken Arm herauszufinden. Jetzt nehmen Sie den Stock in die andere Hand. Ihre Aufmerksamkeit gilt nunmehr der linken Körperhälfte. Spüren Sie diese Körperseite durch, wie vorher für die rechte beschrieben. Lassen Sie den Stock auch in Ihrer linken Hand zur Verlängerung des Armes werden. Nachdem Sie sich mit gleicher Konzentration mit der linken Körperseite beschäftigt haben, legen Sie den Stock endgültig zur Seite. Bleiben Sie noch in der Rückenlage und versuchen Sie einen Unterschied zwischen linker und rechter Körperseite zu erspüren.

Kontakt-Übung 2
Bälle unter den Schultern spüren

Für diese Übung brauchen Sie zwei Tennisbälle, die Sie griffbereit haben sollten. Sie liegen auf dem Rücken und schieben die beiden Bälle unter die Schultern an die Stelle zwischen oberem Schulterblatt und Wirbelsäule. Der Schulterblattknochen selbst darf nicht auf den Bällen liegen. Lassen Sie nun den Druck der Bälle zu, und fühlen Sie sich in sie hinein. Sollte das recht schmerzhaft sein, weil Ihre Muskulatur verspannt ist, konzentrieren Sie sich auf diesen Schmerz. Was für ein Schmerz ist es? Ist er stechend, brennend oder schneidend? Suchen Sie mit dem ganzen Rücken Kontakt zum Boden zu erreichen. Wo überall berühren Sie den Boden wirklich? Wandern Sie so in Gedanken auch zum Becken, zu den Beinen und bis zu den Fersen hinab.

Kontakt-Übung 2

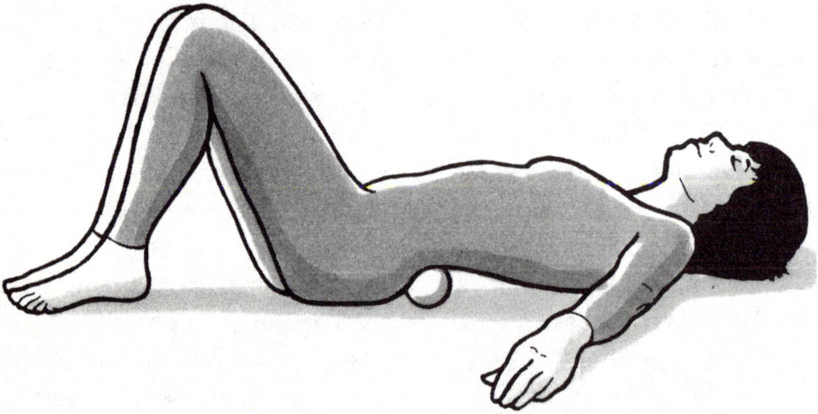

Kontakt-Übung 3

Spüren Sie wieder die Schultern, unter denen die Bälle liegen. Hat sich der Schmerz verändert? Ist es jetzt weniger schmerzhaft als zu Beginn? Verstärken Sie den Druck auf die Bälle, indem Sie die Arme nach oben ausstrecken. Erzwingen Sie jedoch nichts. Nun nehmen Sie die Bälle weg. Wie fühlen sich die Schultern jetzt an? Spüren Sie mit den Schultern den Boden. Danach ruhen Sie sich aus.

Kontakt-Übung 3
Bälle unter dem Becken spüren

Diese Übung hilft gegen Verspannungen und Schmerzen im Rückenbereich, sie darf jedoch nicht bei Ischiasbeschwerden gemacht werden. Sie brauchen wieder zwei Tennisbälle und außerdem viel Zeit.
Sie liegen auf dem Rücken, die Füße sind aufgestellt und die Beine angewinkelt. Füße und Knie sind handbreit voneinander entfernt. Schieben Sie die Bälle rechts und links neben das Kreuzbein und legen Sie sich darauf. Spüren Sie durch die Bälle hindurch die Festigkeit des Bodens. Empfinden Sie den Druck der Bälle angenehm, drücken Sie mit den Füßen auf den Boden. Das Becken hebt sich dadurch leicht an. Verschieben Sie die Bälle nun etwas weiter nach unten und spüren Sie erneut den Druck. Nun heben Sie erneut das Becken leicht an und verschieben die Bälle ein paar Zentimeter weiter nach rechts beziehungsweise nach links und legen Sie Ihr Becken wieder darauf. Bringen Sie die Bälle immer wieder in neue Positionen im Bereich des Beckens, vergessen Sie auch den oberen Beckenrand nicht.
Spüren Sie jedesmal durch die Bälle hindurch den Boden.
Nachdem Sie die Bälle neunmal verschoben haben, nehmen Sie sie weg und ruhen sich aus.

Übung, um den Tonus (Spannungszustand) zu senken

Das Kennzeichen eines niedrigen Tonus ist die Glieder-Schwere, die von anderen Entspannungsmethoden, zum Beispiel dem Autogenen Training, angestrebt wird. Das Prinzip ist bei der Eutonie ähnlich, denn sie geht davon aus, dass wir uns nur entspannen können, wenn wir uns sicher und getragen fühlen. Die folgende Übung kann dieses Gefühl vermitteln.

Tonus-Übung
Schwere der Beine spüren
Sie liegen auf dem Rücken. Zuerst heben Sie nur das rechte oder das linke Knie ein wenig vom Boden ab, die Ferse bleibt liegen. Wenn Sie in dem Bein ein deutliches Schwere-Gefühl wahrnehmen, senken Sie das Knie langsam und gleichmäßig zum Boden ab – immer mit der Frage im Kopf – wie weit ist der Boden noch entfernt? Dann heben Sie die Ferse leicht an und senken sie langsam wieder ab. Wiederholen Sie diese beiden Bewegungsabläufe mit dem anderen Bein und abschließend mit beiden Beinen zugleich.
Diese Übung können Sie auch variieren, indem Sie nur ein angedeutetes Heben durchführen, denn allein die Absicht, Ihr rechtes oder linkes Knie zu heben, spannt schon die Muskeln an. Halten Sie diese Anspannung eine Weile, um sie dann wieder zu lösen.
Diese Schwere-Übung können Sie genausogut mit den Armen durchführen.

Übungen für das Strecken gegen einen Widerstand

Unser Körper ist ständig der Anziehungskraft der Erde ausgesetzt. Er besitzt die Fähigkeit, standhaft und gerade zu sein, zugleich ist er jedoch auch biegsam und geschmeidig.
Die Übungen für das Strecken gegen einen Widerstand sind ein Spiel mit den Anziehungskräften. Sie tragen wesentlich zum Ausgleich der Spannung im Körper bei, indem man wechselseitig der Anziehungskraft der Erde trotzt und sich dann ihr doch beugt. Diese Übungen können Verspannungen lösen und außerdem Fehlhaltungen korrigieren.

Streck-Übung 1
Abstoßen vom Boden

Sie liegen auf dem Rücken, das linke Bein ist gestreckt und das rechte angewinkelt. Der rechte Fuß steht eine Handbreit neben dem linken Knie.

Spüren Sie mit dem rechten Fuß die Festigkeit des Bodens. Während Sie ausatmen, drücken Sie den Fuß auf den Boden, dabei wird die rechte Hüfte leicht vom Boden abgehoben. Stoßen Sie sich mit dem Fuß kräftig ab, bis das Hüftgelenk durchgestreckt ist. Die andere Hüfte sollte möglichst nah am Boden bleiben. Halten Sie diese Stellung ein paar Sekunden lang, ohne die Luft anzuhalten. Verringern Sie den Druck Ihres Fußes und senken Sie die Hüfte langsam und vorsichtig wieder zu Boden. Spüren Sie, wie die Energie durch den Fuß in den Boden fließt?

Nach einer kurzen Pause wiederholen Sie diese Übung nochmals mit dem rechten Bein. Dann strecken Sie es auf dem Boden aus und vergleichen die beiden Körperhälften. Können Sie eine Veränderung wahrnehmen? Fühlt sich die rechte Seite

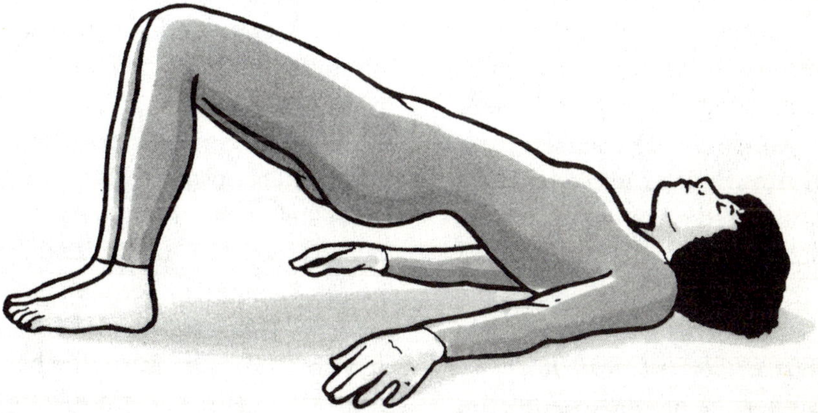

Streck-Übung 1

schwerer an als die linke? Üben Sie in gleicher Weise mit dem linken Bein. Drücken Sie sich mit dem aufgestellten linken Fuß hoch, bis das linke Hüftgelenk gestreckt ist. Senken Sie den Druck und lassen Sie die Hüfte absinken. Nehmen Sie die Energieveränderung deutlich wahr. Nach dieser Übung sollten Sie sich ein paar Minuten ausruhen.

Dann winkeln Sie beide Beine an und drücken sich mit beiden Füßen gleichzeitig vom Boden ab. Sobald die Hüfte abgehoben ist und die Hüftgelenke durchgestreckt sind, können Sie abwechselnd den Druck vom rechten oder vom linken Fuß zurücknehmen. Dadurch wird Ihre Wirbelsäule in eine leichte Schlängelbewegung gebracht. Nach einiger Zeit senken Sie die Hüfte wieder zum Boden, strecken die Beine aus und entspannen sich.

Streck-Übung 2
Ein Buch auf dem Kopf

Stehen Sie möglichst aufrecht, ohne aber Kreuz und Brustkorb anzuspannen. Beide Füße stehen sicher auf dem Boden.

Legen Sie sich nun ein dünnes Buch auf den Kopf. Spüren Sie sein Gewicht und stellen Sie sich vor, es in Richtung Zimmerdecke heben zu müssen – gleichzeitig nehmen Sie aber auch den Widerstand wahr, den der Boden auf Sie ausübt.

Spüren Sie, wie sich dabei der Nacken sanft dehnt, beobachten Sie, wie sich unter dieser Dehnung auch der Brustkorb wölbt. Spüren Sie sich in diese Dehnung hinein. Das Gefühl, Widerstand gegen den Boden auszuüben, kann sich verstärken, wenn Sie sich zusätzlich einen Gegenstand unter den rechten (beziehungsweise linken) Fuß legen und versuchen, ihn in den Boden hineinzudrücken.

Legen Sie einen Stock zwischen Ihre parallel ausgerichteten Füße, stellen Sie sich zunächst mit dem rechten Fuß auf den Stock, ohne ihn zu belasten – der linke Fuß trägt das Gesamtgewicht. Ihre Ferse ist aufrecht, das Fußgewölbe leicht angehoben, der rechte Fuß steht ganz locker auf dem Stock. Haben Sie

Plattfüße, stellen Sie sich mehr auf die Außenkanten des Fußes, bei Hohlfüßen den großen Zeh mehr belasten. Spüren Sie, wie hart und dick der Stock ist, spüren Sie durch ihn hindurch den Boden.
Übergeben Sie nun Ihr Gewicht dem rechten Fuß. Tun Sie so, als ob Sie den Stock in den Boden hineindrücken wollten. Bleiben Sie dabei möglichst aufrecht und locker, damit Sie Ihre Reaktionen besser wahrnehmen können. Sie werden beobachten, wie sich durch den Widerstand gegen den Boden Kniegelenke und Hüfte automatisch strecken. Ohne zusammenzusacken geben Sie Ihr Gewicht durch den Stock hindurch immer mehr an den Boden ab. Spüren Sie die Kraft, die durch Ihren Körper fließt.
Jetzt wiederholen Sie das Ganze mit dem anderen Bein beziehungsweise Fuß. Zum Schluss nehmen Sie das Buch vom Kopf und den Stock vom Boden. Lassen Sie all das, was Sie im Körper während der Übung gespürt haben, noch einmal Revue passieren.

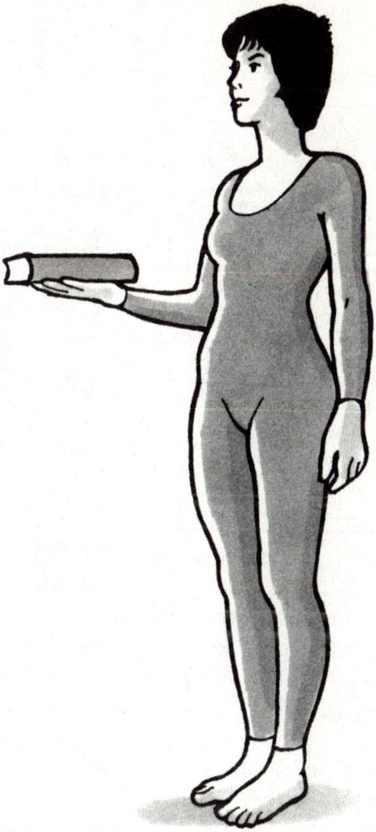

Streck-Übung 3

Streck-Übung 3
Ein Tablett herumreichen

Stellen Sie sich aufrecht hin. Auf der flachen rechten (oder linken) Hand halten Sie ein dickes Buch oder einen anderen gewichtigen Gegenstand. Der

Streck-Übung 4a

Unterarm ist waagerecht, die Schultern sind entspannt. Der Körper ist aufrecht und fest. Wiegen Sie das Buch in der Hand, als ob Sie wissen wollten, wie schwer es ist. Dieses wiegende Gefühl bereitet bereits die Wohlspannung vor. Bewegen Sie jetzt die Hand mit dem Buch von sich weg und danach in alle möglichen Richtungen, als ob Sie ein Tablett herumrei-

Streck-Übung 4b

chen würden. Außer dem Arm bewegt sich aber nichts. Achten Sie darauf, dass Ihre Schultern bei dieser Übung stets entspannt bleiben und nicht hochgezogen sind.

Streck-Übung 4
Lasten vom Boden aufheben

Wenn Sie eine Last vom Boden aufheben wollen, achten Sie unbedingt darauf, dass Ihre

Wirbelsäule dabei gerade bleibt. Gleichgültig, ob die Last auf der Seite oder vor Ihnen steht, gehen Sie zuerst mit gerader Wirbelsäule in die Knie, fassen Sie die Last (die jetzt zwischen Ihren Füßen steht) und bringen Sie diese möglichst nahe an den Körper (Abb. 4a). Dann heben Sie die Last an, indem Sie die Beine durchstrecken. Körper und Last sollten in möglichst senkrechter Linie über den Füßen bleiben (Abb. 4b). Machen Sie daraus eine Übung, indem Sie mehrmals eine leichte Kiste oder einen Hocker aufheben und wieder absenken.

Soft-Fitness

Die Sportmediziner in den USA haben es richtig erkannt, »weniger ist mehr« lautet die Devise, die seit neuestem in Fitness-Fachkreisen kursiert. Statt Auspowern zur Ruhe kommen, statt Jogging nun Walking, statt Aerobic jetzt Soft-Moving. Alles zusammen könnte man dann Soft-Fitness nennen. Was auf den folgenden Seiten beschrieben wird, ist alles zusammen eigentlich nichts Neues. Die Elemente kennt der Fachmann schon aus dem Stretching und der klassischen Krankengymnastik, dazu kommen eine entspannende Musik und ein angenehmes Ambiente. Entspannung auf die leichte Art!

Soft-Fitness und Entspannung

Die auf den folgenden Seiten beschriebene Soft-Fitness besteht aus verschiedenen Elementen. In diesem Kapitel werden solche vorgestellt, die Sie bequem zu Hause, alleine und ohne Hilfsmittel (Übungsgeräte) machen können. Die Übungen kommen im Wesentlichen aus den Bereichen »Stretching« und »Softmoving«.
Stretching bedeutet im Wesentlichen »bewusstes Strecken« und damit ist schon das Wichtigste gesagt. Das Grundprinzip ist, eine Stellung langsam einzunehmen, indem Sie einzelne Körperteile dehnen und dann

diese Anspannung einige Sekunden halten. Die Übungen sorgen für eine bessere Durchblutung der Muskulatur und lösen dadurch Verspannungen. Stretching-Elemente sind gut, um die Muskulatur anzuwärmen, bevor man zum Beispiel mit Yoga-Übungen beginnt, oder um beispielsweise zur Ruhe zu kommen nach einem stressigen Tag im Büro. Wichtig ist dabei, dass die Übungen stets in Ruhe ausgeführt werden, ohne Schwung. Typische Stretching-Übungen sind die Übungen eins bis sieben und 16 bis 19.

Ein völlig anderes Element bringt das Soft-Moving mit ins Spiel. Hier geht es bewusst darum, die Übungen schwungvoll zu machen. Alle Übungen basieren auf einem sanften Dehnen, Strecken, Halten und Entspannen des Körpers. Die Übungen acht bis 15 sind gute Beispiele dafür. Auch beim Soft-Moving ist Anstrengung mit Entspannung auf ideale Weise verbunden. Es beruhigt und ist deshalb eine ideale Gymnastik gegen Stress.

Soft-Fitness im Alltag

Nach einem stressigen Tag im Büro starten Sie zu Hause das Verwöhn-Programm mit Soft-Fitness. Gehen Sie unter die Dusche, waschen Sie all den Alltagsärger ab, kuscheln sie sich in bequeme Trainingskleidung und legen Sie beruhigende Musik auf. Dann kann es losgehen. Das Prinzip der Soft-Fitness »weniger ist mehr« macht dieses Übungsprogramm ideal für den Alltag. Ein halbes Stündchen Zeit brauchen Sie schon, damit Sie sich danach wie neugeboren fühlen können.

Zu den Übungen

Auf den folgenden Seiten werden 18 Übungen vorgestellt, aus denen Sie beliebig auswählen können. Es gibt keine bestimmte Reihenfolge und keine Mindestanzahl von Trainingseinheiten. Allerdings sollten Sie jede Übung etwa zwei Minuten lang machen und sich danach eine ebenso lange Entspannungsphase gönnen. Achten Sie dabei auch auf Ihre At-

mung und wählen Sie eventuell ergänzend eine Atemübung aus (siehe Seite 43 ff.).
Folgende Trainingstips helfen Ihnen weiter:

- Nehmen sie das »Lieber zuwenig als zuviel« ruhig wörtlich. Hören Sie sofort auf, wenn eine Übung schmerzt oder anstrengend ist.
- Mäßig, aber regelmäßig! Bestimmen Sie selbst Ihren Trainingsrhythmus, ob Sie viele oder wenige Übungen machen. Wichtig ist nur, dass Sie sie täglich machen.
- Achten Sie auf Ihren Körper! Konzentrieren Sie sich darauf, wie Sie sich beim Üben fühlen, dann machen Sie garantiert nichts falsch.
- Richtig atmen! Das heißt, ruhig und langsam atmen. Jede Dehnung beginnt mit dem Einatmen.

Soft-Fitness auf einen Blick

Soft-Fitness – für wen: Für alle, die sich gern bewegen und allein trainieren wollen.
Kleidung: bequeme, nicht zu enge Trainingskleidung.
Kosten: keine.
Gesundheitliche Einschränkungen: Siehe bei den Übungen
Voraussetzungen: keine.

Übung 1

Stellen Sie sich mit leicht gegrätschten Beinen gerade hin. Nun strecken Sie den linken Arm nach unten, wobei die Hand waagerecht zur Seite zeigt (Handflächen nach unten). Mit der rechten Hand fassen Sie über Ihren Kopf zum linken Ohr. Versuchen Sie aus dieser Haltung heraus, den Kopf nach rechts zu ziehen. Den linken Arm stemmen Sie immer nach unten. Bei der Bewegung des Kopfes ziehen Sie gleichzeitig den Bauch ein und spannen die Pomuskeln an. Wiederholen Sie diese Übung abwechselnd mit beiden Armen, jeweils zwei- bis fünfmal.
Ganz wichtig: Dehnen und strecken Sie nur so weit, wie Sie keinen Schmerz verspüren.

Übung 2

Nun setzen Sie sich auf den Boden, das rechte Bein wird ausgestreckt. Das linke Bein

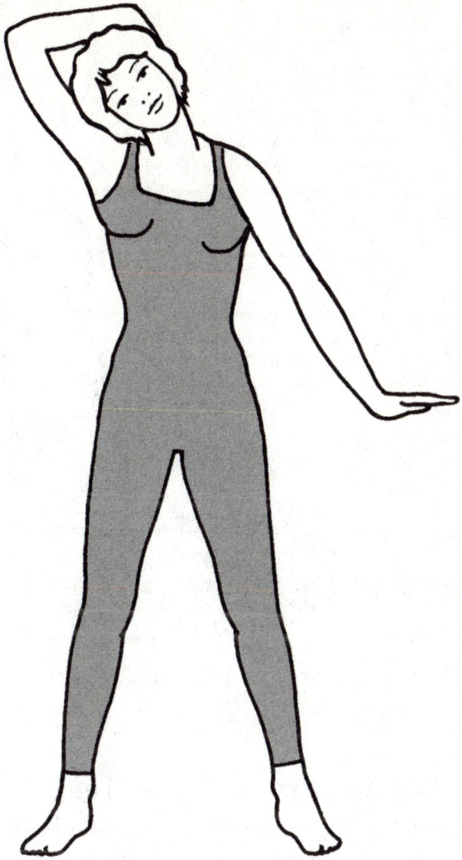

Übung 1

winkeln Sie an. Dabei den Fuß über das rechte Bein heben und neben dem rechten Knie aufstellen. Stützen Sie sich mit dem linken Arm nach hinten ab und drehen Sie den Oberkörper dabei nach links. Wenden Sie den Kopf so, dass Sie über Ihre linke Schulter nach hinten schauen können.

Mit dem rechten Arm üben Sie einen sanften Druck auf das an-

Übung 2

gewinkelte Bein aus. Dehnen Sie sich in dieser Haltung einige Sekunden und wiederholen Sie diese Übung zwei- bis fünfmal. Danach machen Sie die gleiche Übung in die andere Richtung.

Übung 3

Gehen Sie in die Hocke. Das eine Bein steht mit angewinkeltem Knie zur Seite, das andere spreizen Sie seitlich ab. Gehen Sie dabei ruhig noch ein bisschen mehr in die Hocke. Ihre Füße sollten bei dieser Übung fast parallel stehen. Die Hände liegen auf den Oberschenkeln, vom Becken aufwärts sollte der Oberkörper gerade sein. Mit dieser Übung dehnen Sie die Hüftmuskulatur. Auch diese Übung fünfmal wiederholen und jeweils einige Sekunden in der Streckhaltung verbleiben.

Übung 3

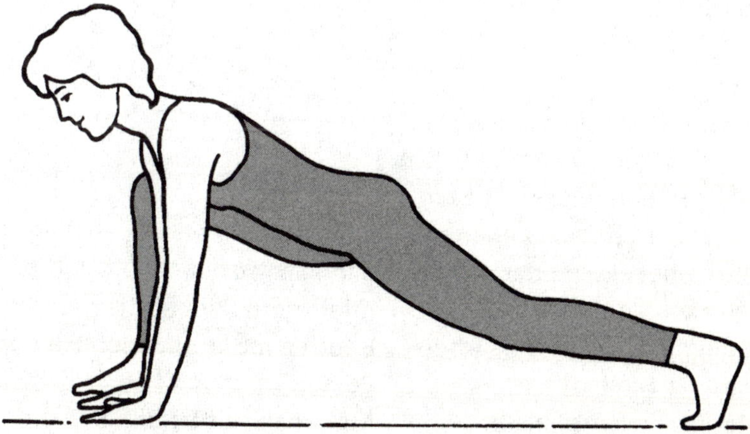

Übung 4

Wichtig: Diese Übung ist eine gute Aufwärmübung für andere Entspannungsmethoden.

Übung 4

Nicht für Menschen mit Knie-Problemen geeignet!
Auch diese Übung beansprucht das Hüftgelenk. Machen Sie einen großen Schritt, so dass das eine Bein angewinkelt vorn steht und das andere nach hinten weggestreckt wird. Beugen Sie sich vornüber und stellen Sie beide Hände neben den vorderen Fuß. Das hintere Knie wird durchgedrückt. Spannen Sie dazu die Pomuskulatur an. Versuchen Sie nun, die freie Hüftseite leicht nach unten zu drücken.

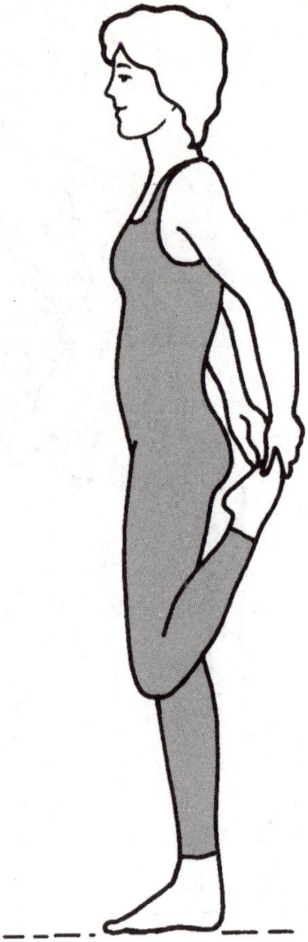

Übung 5

Übung 5

Jetzt dehnen Sie die vordere Beinmuskulatur. Stellen Sie sich gerade hin, und winkeln Sie ein Bein nach hinten ab. Greifen Sie nun mit einer Hand oder mit beiden Händen diesen Fuß, der nach oben zeigt, und versuchen Sie, mit der Ferse den Po zu berühren. Die Hüfte bleibt dabei gerade. Weichen Sie nicht zur Seite aus, um die Übung zu erleichtern. Ziehen Sie den Bauch ein und spannen Sie den Po an.
Mehrmals mit beiden Beinen wiederholen.

Übung 6

Übung 6

Wenn Ihnen Übung 5 keine Probleme bereitet, können Sie diese noch erweitern. Wenn die Ferse den Po berührt, beugen Sie gleichzeitig den Oberkörper nach vorn. Das Knie ziehen Sie noch weiter nach oben, so dass Oberkörper und Oberschenkel fast eine gerade Linie bilden. Machen Sie bei dieser Übung kein Hohlkreuz.

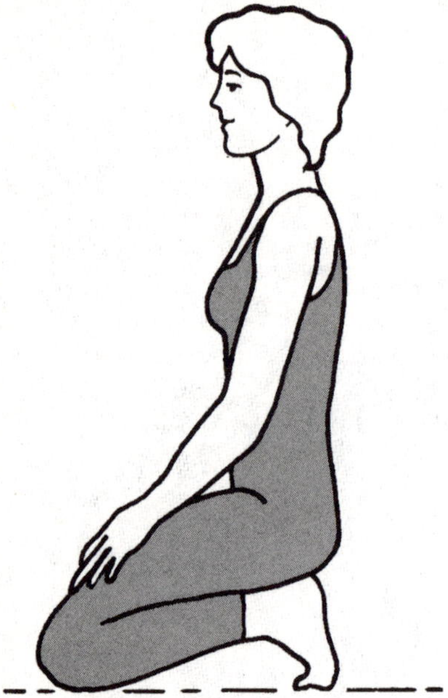

Übung 7a

Übung 7b

Übung 7

Bei Kniegelenk-Problemen diese Übung nicht machen!

Sie knien auf dem Boden und setzen sich mit dem Po auf Ihre Fersen. Die Fußspitzen sollten jedoch zunächst nicht flach aufliegen, sondern aufgestellt sein (Abb. 7a). Jetzt strecken Sie die Füße, so dass auch die Fußspitzen und die Unterschenkel den Boden berühren. Dabei dürfen Füße und Unterschenkel nicht seitlich wegrutschen. Während dieser Übung liegen Ihre Hände ruhig auf den Oberschenkeln (Abb. 7b). Wiederholen Sie die beiden Stellungen bis zu fünfmal.

Übung 8

Diese Übung ist nicht geeignet, wenn Sie Rückenprobleme haben!

Stellen Sie sich mit geschlossenen Beinen gerade hin und

beugen Sie den Oberkörper schwungvoll nach unten. Winkeln Sie dabei die Arme an, und umfassen Sie in der Endposition mit den Händen die Waden. Jetzt gehen Sie mit dem Oberkörper wieder schwungvoll nach oben. Machen Sie diese Übung fünfzehnmal nacheinander. Das Tempo bestimmen Sie selbst. Sie werden sehen, jeden Tag geht es ein bisschen schneller und leichter. Die Übung dauert etwa zwei Minuten, danach sollten Sie sich immer mindestens eine Minute ausruhen, bevor Sie die nächste Übung beginnen.

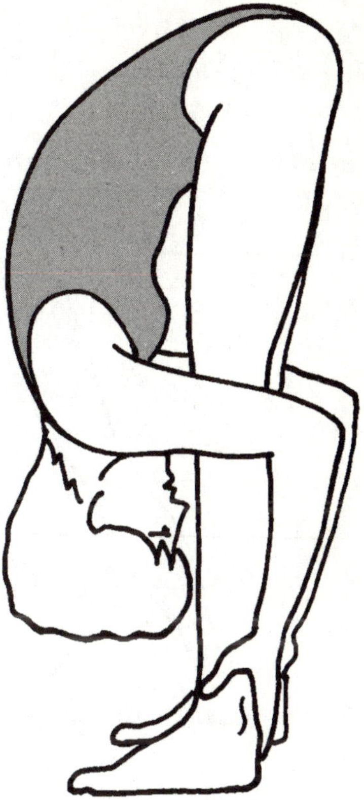

Übung 8

Übung 9

Sie stehen mit leicht gegrätschten Beinen auf dem Boden. Heben Sie nun die Arme gerade über den Kopf und machen Sie dabei den Oberkörper lang. Ein fester Stand und ein gutes Gleichgewichtsgefühl sind bei dieser Übung sehr wichtig. Von dieser Grundstellung aus federn Sie mit dem Oberkörper (Arme ausgestreckt) abwechselnd nach rechts und nach links. Der Arm, der der geneigten Körperseite zugewendet ist, wird dabei nah an den Körper gebracht und zeigt in Richtung Fuß (zum Beispiel rechter Arm liegt an der rechten Körperseite, zeigt zum rechten Fuß). Wiederholen Sie die Beugung nach jeder Seite zehnmal.

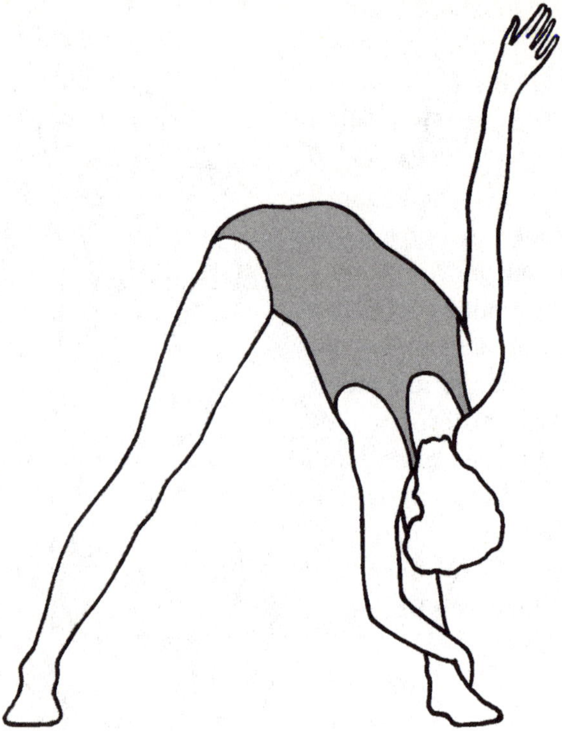

Übung 10

Übung 10

Stellen Sie sich gerade hin und grätschen Sie die Beine weit auseinander. Achten Sie darauf, dass Sie einen festen Stand haben. Jetzt beugen Sie sich mit dem Oberkörper abwechselnd einmal zum linken und dann zum rechten Fuß hinunter. Umfassen Sie mit der rechten Hand den linken Knöchel und umgekehrt. Der jeweils andere Arm schwingt zum Ausgleich gerade nach hinten weg. Zwanzigmal sollten Sie diese Übung mit Schwung wiederholen.

Übung 11

Übung 11

Sie stehen mit geradem Oberkörper und leicht gegrätschten, durchgestreckten Beinen da. Nun beugen Sie den Oberkörper hinunter. Ihre Arme führen Sie hinter den Rücken, legen dort die Hände aufeinander und verhakeln die Daumen. Winkeln Sie die Arme nicht an, sondern federn Sie mit ausgestreckten Armen nach oben, während der Oberkörper sich dabei noch weiter nach vorn herunterbeugt. Wiederholen Sie diese Übung zwanzigmal. Wenn es jedoch schmerzt, brechen Sie die Übung ab oder dehnen die Arme nicht so extrem nach oben.

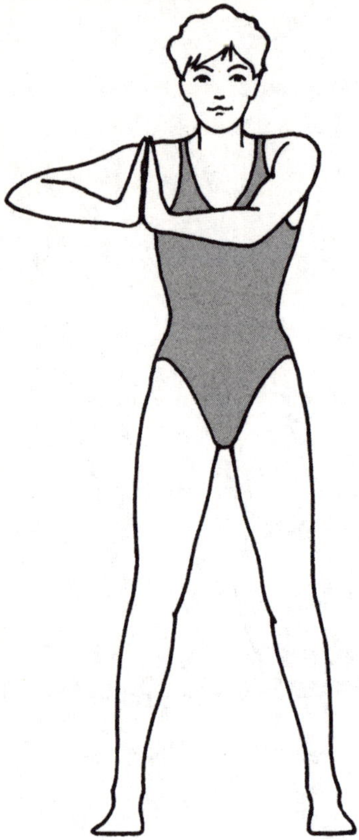

Übung 12

Übung 13

Übung 12

Stellen Sie sich mit leicht gegrätschten Beinen hin, der Rücken ist gerade. Jetzt falten Sie die Hände vorne in Höhe der Brust und winkeln die Arme an. Drücken Sie die Handinnenflächen fest gegeneinander. Erhöhen Sie nun den Druck der rechten Hand auf die linke, und schieben Sie diese nach links. Dann in die andere Richtung – die linke Hand schiebt die rechte. Dabei sollten die Ellenbogen eine gerade Linie bilden. Wiederholen Sie diese Übung zehn-

Übung 14

mal, und zwar sanft und fließend, niemals ruckartig.

Übung 13

Vom Kniestand setzen Sie sich auf die Fersen zurück, der Oberkörper bleibt dabei gerade. Nun strecken Sie die Arme nach vorne aus und ballen die Hände zu Fäusten. Jetzt überkreuzen Sie die Arme im schnellen Wechsel. Einmal sollte der rechte Arm oben sein, dann geht der linke Arm hoch. Diese Übung sollte dreißigmal wiederholt werden.

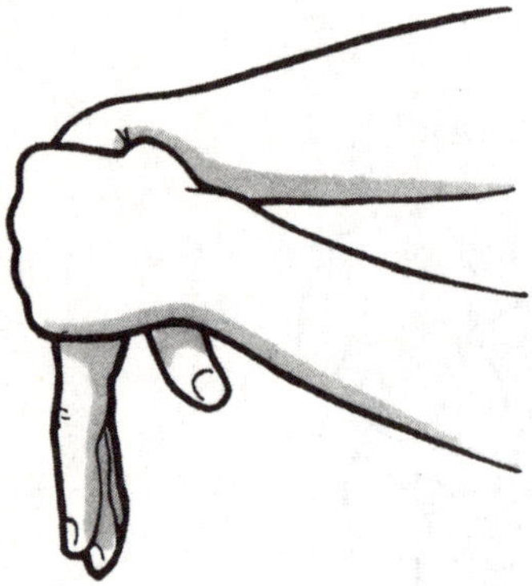

Übung 15a

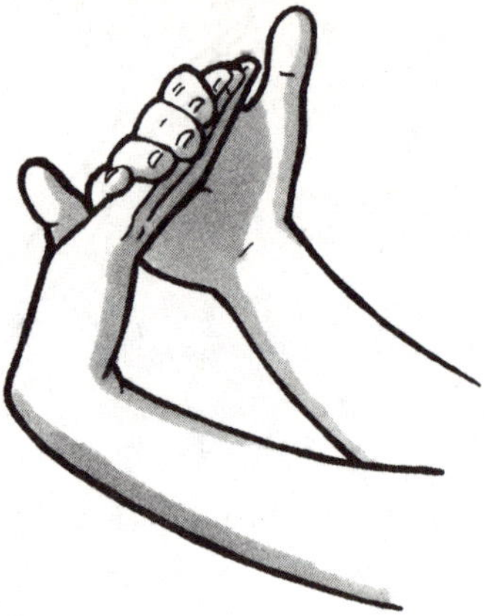

Übung 15b

Übung 14

Sie sind wiederum im Kniestand und richten den Oberkörper gerade auf. Die Arme werden gerade nach vorne ausgestreckt. Jetzt drehen Sie den Oberkörper nach links und versuchen mit der linken Hand die rechte Ferse zu erreichen, die andere Hand bleibt ausgestreckt. Gehen Sie zurück in die Ausgangsposition und machen Sie die ganze Übung in die andere Richtung. Mit der rechten Hand sollten Sie nun die linke Ferse berühren. Ein bisschen Schwung dabei – und es geht leichter. Achten Sie darauf, dass Sie kein Hohlkreuz machen. Achtmal sollten Sie nach jeder Seite wippen – das entspannt den Rücken.

Übung 15

Bei dieser Übung geht es nur um die Hände. Sie stehen oder sitzen in einer beliebigen, bequemen Position. Der rechte Arm ist ausgestreckt, die rechte Hand fällt locker herab. Greifen Sie nun mit der linken Hand das rechte Handgelenk, beugen und dehnen Sie es in alle Richtungen (Abb. 15a). Dann machen Sie das Gleiche mit der anderen Hand.

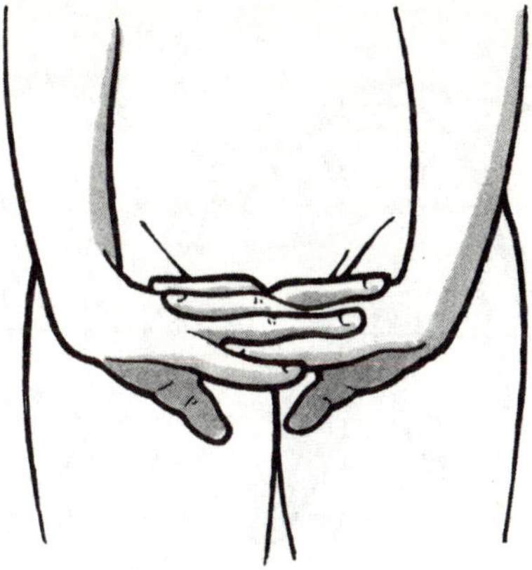

Übung 16

Als nächstes fassen Sie die Finger der rechten Hand mit Ihrer linken und drücken die Finger in Richtung Handrücken – und wieder zurück (Abb. 15b). Das Gleiche mit den Fingern der anderen Hand.

Übung 16

Und nochmal eine Handübung: Sie stehen bequem mit geradem Rücken, die Arme hängen seitlich am Körper herab. Nun falten Sie die Hände vor dem Körper, so dass Sie die Finger ineinander verschränken. Die Handrücken zeigen nach oben, die Handflächen nach unten.

Jetzt versuchen Sie die Arme so weit wie möglich nach unten zu strecken und zu dehnen. Zehnmal wiederholen.

Übung 17

Zum Abschluss noch zwei Übungen für die Füße: Sie stehen bequem, beide Fußsohlen liegen flach auf dem Boden. Nun spannen Sie die Zehen an und beugen sie, bewegen Sie sie in einer Raupenbewegung zwischen Anbeugen und Ausstrecken. Die Fersen bleiben dabei am Boden. So gehen Sie vorwärts. Zwar bewegen Sie sich so im wahren Schneckentempo, aber jeder Zentimeter ist ein Erfolg.

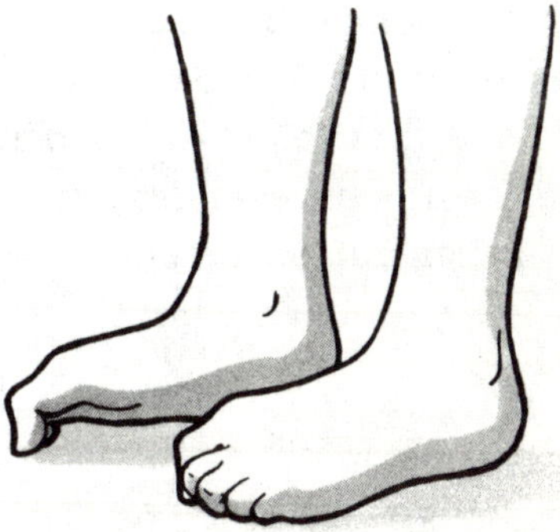

Übung 17

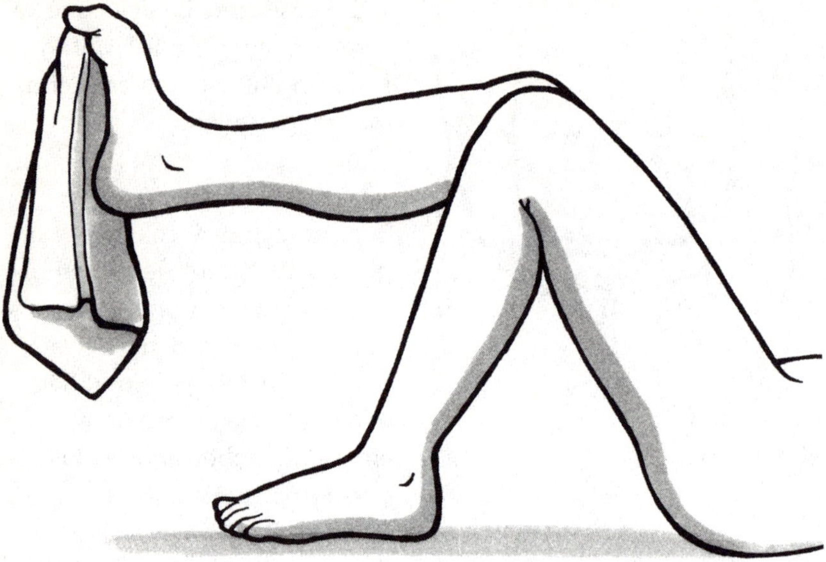

Übung 18

Übung 18

Für diese letzte Übung setzen Sie sich auf den Boden, die Beine sind angezogen. Legen Sie ein leichtes Tuch oder breites Band vor sich auf den Boden und versuchen Sie, dieses mit den Zehen aufzunehmen.

Haben Sie es fest im »Zehen-Griff«, heben Sie das Bein angewinkelt in die Höhe, kreisen und winken Sie nun mit dem Tuch. Dann das Tuch langsam wieder ablegen und mit den Zehen des anderen Fußes ergreifen und hochheben.

Der partnerschaftliche Weg zur Entspannung

Massagen von Kopf bis Fuß

Dieser vierte Weg zur Entspannung ist etwas anders als die vorhergehenden drei. Für die Massagetechniken, die in diesem Kapitel vorgestellt werden, brauchen Sie jetzt einen Partner oder eine Partnerin. Allein die Entscheidung, den partnerschaftlichen Weg zur Entspannung zu wählen, beeinflusst Stimmung und Stressabbau positiv. Sich in die Hände eines anderen zu begeben heißt ihm Offenheit und Vertrauen entgegenzubringen. Die Bereitschaft, einen anderen Menschen an den eigenen Körper »heranzulassen«, macht diese Art der Entspannungstechnik überhaupt erst möglich.

Wer schon einmal massiert wurde, weiß, dass man dabei herrlich abschalten kann. Ohne Anstrengung wird der Körper bei der Massage in Bewegung gebracht. Sie müssen nichts tun, nur einfach daliegen und genießen.

Das folgende Kapitel ist wiederum in drei Teile gegliedert, denn es muss nicht immer eine Ganzkörpermassage sein, die optimale Entspannung bringt. Füße und Hände beispielsweise sind sehr sensibel und sprechen hervorragend auf eine Massage an. Zwar wird auf den folgenden Seiten keine Fußreflexzonenmassage gezeigt, dennoch spielt die Theorie, dass alle inneren Organe sich auf der Fußsohle widerspiegeln, bei den gezeigten Massagen auch eine Rolle. Die ausgewählten Massagetechniken sorgen für Entspannung des ganzen Körpers, auch wenn nur die Fußsohlen massiert werden. Gleiches gilt für die Hände. Auch eine scheinbar simple Handmassage hat großen Einfluss auf die Entspannung des Körpers.

Der Kopf als Sitz von Gehirn und Verstand und das Gesicht sind in Stresssituationen besonders beansprucht. Diese Bereiche lassen sich durch eine Massage besonders gut beruhigen. Müde Augen werden munter, der Geist wach und zuletzt die Seele ruhig. Einige der vorgestellten Massagetechniken eignen sich übrigens auch für die Eigenbehandlung ohne Partner.
Den ganzen Körper zu entspannen ist für den Massierenden harte Arbeit. Eine Aufgabe jedoch, die durchaus lohnend ist, denn sie verschafft dem Massierten höchstes Wohlbefinden. Wenn es auf den folgenden Seiten um Massagetechniken geht, die aufwendiger sind, so ist jeweils eine Zeichnung vorgeschaltet. Darauf kann auch ein Laie erkennen, welche Bereiche massiert werden dürfen. Heikle Zonen sind aus Sicherheitsgründen ausgeklammert.
Um eine Entspannung für den Massierten möglich zu machen wird übrigens niemals die bloße Haut behandelt. Wer sich massieren lassen will, sollte leichte Kleidung tragen oder durch ein hauchdünnes Tuch bedeckt sein. Und um falschen Gedankengängen gleich vorzubeugen: Der partnerschaftliche Weg der Entspannung hat nichts mit Sexualität zu tun. Massage – das sind in erster Linie Streicheleinheiten für die Seele der Partnerin oder des Partners. Dies hat auch schon manch gestresster Beziehung gut getan.

Entspannungsmassage für Hände und Füße

Wenn man von Massage spricht, denken die meisten Menschen an eine Ganzkörper-Behandlung, die in aller Regel von einem Experten durchgeführt wird. Die Extremitäten wie Hände und Füße vergessen wir darüber zumeist. Aber genau hier liegt ein wesentliches Entspannungspotential, das durch eine einfühlsame Massage geweckt werden kann. Der Nachteil dieser Entspannungstechnik liegt natürlich darin, dass man für sie eine(n) Partner(in) braucht, dem/der man so weit vertraut, dass man sich unter seinen (ihren) Händen entspannen kann.

Handmassage und Entspannung

Hände können zärtlich streicheln und liebkosen, sie können helfen und heilen, sie können kräftig zupacken und auch Schmerzen verursachen. Der griechische Philosoph Aristoteles bezeichnete die Hände »als Werkzeug aller Werkzeuge«, die es ermöglichen, uns selbst zu verwirklichen, unsere Wünsche und Träume in die Tat umzusetzen. Kaum ein zwischenmenschliches Ritual kommt ohne Hände aus, sei es nun das Händeschütteln zur Begrüßung, zum Erforschen des Körpers, zum Signalisieren von Freude und Trauer. Die Hände unterstützen noch dazu unsere sprachlichen Äußerungen. Mit der Gestik verraten wir oft mehr über uns selbst und unsere Gefühle, als uns lieb ist. Auch Anspannung wird durch die Hände deutlich: Sie werden feucht vor Aufregung oder Angst, wir wringen sie, bis die Knöchel weiß werden, wenn wir in Bedrängnis geraten. Schlussendlich sind die Hände auch die wichtigsten Instrumente unseres Tastsinns und somit eine Orientierungshilfe im täglichen Leben.
Nun ist wohl mehr als deutlich geworden, wie wichtig die Hände sind. Sie zu verwöhnen garantiert Entspannung – von Kopf bis Fuß.

Fußmassage und Entspannung

Unsere Füße leisten Tag für Tag Schwerstarbeit. Sie tragen unseren Körper, ganz gleich, wo wir gehen und stehen. Für die ganze Mühe werden unsere Füße jedoch selten belohnt. Im Gegenteil, sie werden von uns konsequent vernachlässigt. Wenn die Füße verkrampft und angespannt sind, bedeutet jeder Schritt eine Qual. Wenn Füße stundenlang in Schuhe gepresst werden, schreien sie förmlich nach Luft und Freiheit. Haben wir unsere Füße »heiß gelaufen«, brennen und ste-

chen sie, zwischen den Zehen bilden sich Druckstellen, die unter Umständen äußerst schmerzhaft sein können.
Wie sensibel und vielseitig unsere Füße sind, beweisen die Erfolge, die die Fußreflexzonenmassage zu verbuchen hat. Alle Organe und Teile unseres Körpers sind quasi als Spiegelbild dort vertreten. Die Füße durch eine Massage zu entspannen und zu verwöhnen macht also durchaus Sinn und wirkt sich also auf den Gesamtorganismus aus. Wer seine Füße massieren lässt, versorgt somit seinen ganzen Körper mit Streicheleinheiten, die für das Wohlbefinden so dringend notwendig sind.

Zu den Übungen

Auf den folgenden Seiten finden Sie zehn Griffe für die Handmassage und 13 für die Fußmassage. Sie müssen zwar nicht alle Massagepunkte behandeln, sollten jedoch die Reihenfolge einhalten. Achten Sie unbedingt darauf, dass der Massierte bequem sitzt und sich dabei schön entspannen kann. Bei der Fußmassage finden Sie eine entsprechende Entspannungshaltung beschrieben. Sie müssen auch nicht unbedingt Hand- und Fußmassage kombinieren, die Dauer ist ebenfalls nicht vorgeschrieben – massieren Sie so lange, wie es dem anderen gefällt. In der Regel wiederholt man jeden Massagegriff zweimal.
Ganz wichtig ist es bei der Behandlung der Extremitäten, das jeweils nächste Gelenk zu stützen. Bei der Handmassage ist das in der Regel das Handgelenk, beziehungsweise sind es die Fingergelenke. Bei der Fußmassage stützen Sie in den meisten Fällen den Knöchel. Vor der Massage sollten Hände oder Füße stets warm sein. Und zum Abschluss jeder Massage streichen Sie die jeweilige Extremität (bei der Handmassage den Arm in Richtung Fingerspitzen; bei der Fußmassage den Unterschenkel in Richtung Zehen) nach unten hin aus.

Hand- und Fußmassage auf einen Blick

Hand- und Fußmassage – für wen: Für alle, die sich entspannen und verwöhnen lassen wollen.
Kleidung: bequem.
Kosten: keine.
Gesundheitliche Einschränkungen: Bei Hand- und Fußgelenk-Problemen fragen Sie Ihren Arzt.
Voraussetzungen: keine.

Handmassage

1. Schritt
Heben Sie den Arm Ihres Partners an, sein Ellenbogen ist durch eine Unterlage (Tisch, Stuhllehne oder ähnliches) gestützt. Umfassen sie nun mit beiden Händen eine Hand Ihres Partners, der Handrücken schaut nach oben. Während Ihre Finger die Hand von unten stützen, massieren beide Daumen die Handaußenseiten in kreisenden Bewegungen vom Handgelenk zu den Fingergelenken und zurück.

2. Schritt
Jetzt wird die Handfläche gedehnt: Ergreifen Sie dazu die Hand Ihres Partners, indem Sie Ihre Finger auf die Handflächen legen. Ihre Handballen befinden sich auf seinem Hand-

1. Schritt

2. Schritt

rücken. Nun drücken und dehnen Sie die Hand vom Handgelenk bis zu den Fingern, indem Sie Ihre Finger auseinanderziehen – Ihr Handballen sorgt für den nötigen Gegendruck. Machen Sie das Gleiche zwischen allen vier Knochen der Handfläche.

3. Schritt

Nehmen Sie nun die Hand Ihres Partners fest in die Ihre, eine Hand stützt das Handgelenk, die andere umfasst die Finger. Legen Sie den freien Daumen in die Mitte der Handfläche und lassen Sie ihn dort kreisen. Die andere Hand, die die Finger umfasst, biegt und dehnt danach die Finger in allen Richtungen (nach links und rechts, nach vorn und hinten). Aber bitte nicht überdehnen.

4. Schritt

Stützen Sie wieder mit einer Hand das Handgelenk, die andere Hand umfasst die Hand Ihres Partners. Mit dem Daumen dieser Hand arbeiten Sie sich nun vom Handgelenk über den Handballen bis zum Daumen hin (»Raupenbewegung«). In diesem Handbereich liegt zum Beispiel auch die Reflexzo-

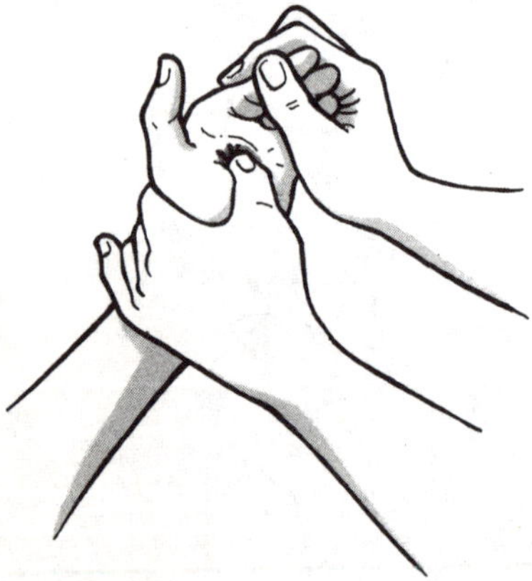

3. Schritt

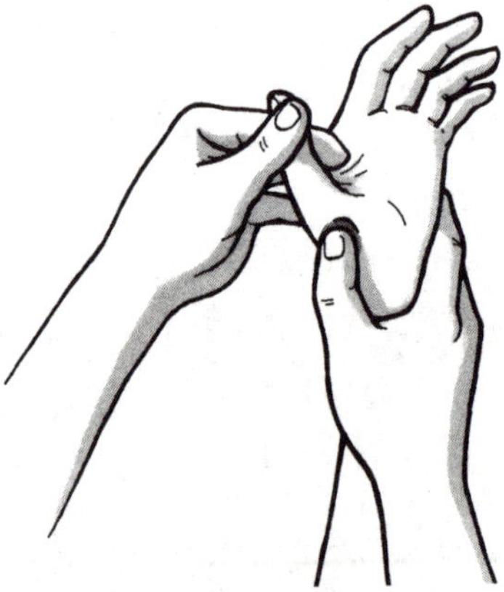

4. Schritt

ne für die Wirbelsäule, es können durch diese Behandlung Rückenverspannungen abgebaut und Rückenschmerzen gelindert werden.

5. Schritt

Eine Hand umfasst diesmal die Finger des Partners, mit dem Daumen der anderen Hand arbeiten Sie sich nun stromlinienförmig vom Handgelenk bis zu den Zwischenräumen der Finger hin. Beginnen Sie beim kleinen Finger und massieren Sie dann weiter viermal, bis Sie schließlich den Zwischenraum zwischen Daumen und Zeigefinger erreicht haben.

6. Schritt

Mit den nächsten Massageschritten drehen Sie die Hand um, umfassen mit einer Hand das Handgelenk und bearbeiten diesmal in gleicher Manier wie beim 5. Schritt den Handrücken. Sanft durchkneten vom Handgelenk bis zu den Fingerzwischenräumen.

7. Schritt

Zu den wohltuendsten Handmassagetechniken gehört das Durchkneten der Finger. Eine Hand stützt wiederum das Gelenk ab, mit der anderen arbeiten Sie alle fünf Finger des Partners knetend durch.

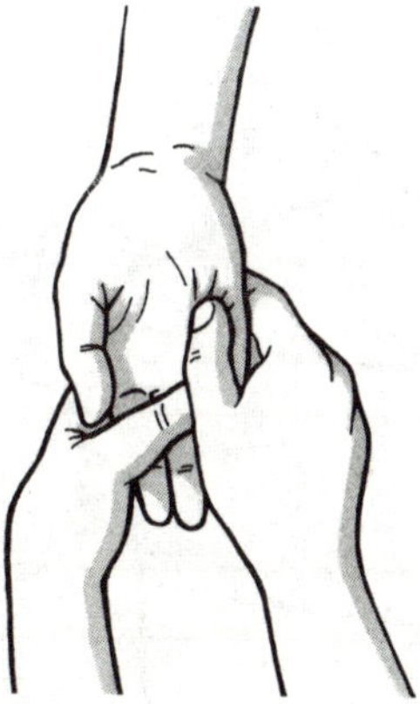

5. Schritt

6. Schritt

8. Schritt

Danach werden die Fingergelenke einzeln »ausgezogen«. Das heißt zunächst die »großen Fingergelenke«, wobei Sie in diesem Fall kurz unter dem Mittelgelenk anfassen und an dem Finger entlanggleiten, als wollten Sie ihn spielerisch »abreißen«. Manchmal knackt es dabei, aber bitte nicht übertreiben. Haben Sie alle Finger »durchgezogen«, machen Sie das Gleiche mit den Mittelgelenken der Finger. Dazu fassen Sie die Finger jeweils am oberen Teil an. Zuerst die »großen« Gelenke, dann die »kleinen« Gelenke massieren.

9. Schritt

Zum Schluss dehnen und biegen Sie das ganze Handgelenk durch. Mit einer Hand stützen Sie den Unterarm des Partners, mit der anderen Hand umfassen Sie seine Finger. Bewegen Sie nun das Handgelenk mit leichtem Zug in alle Richtungen.

10. Schritt

Zum Abschluss der Massage stützen Sie mit einer Hand das Ellenbogengelenk des Partners und streichen mit der anderen, flachen Hand den Arm Ihres Partners nach unten (von der Schulter zu den Fingerspitzen hin) aus.

8. Schritt

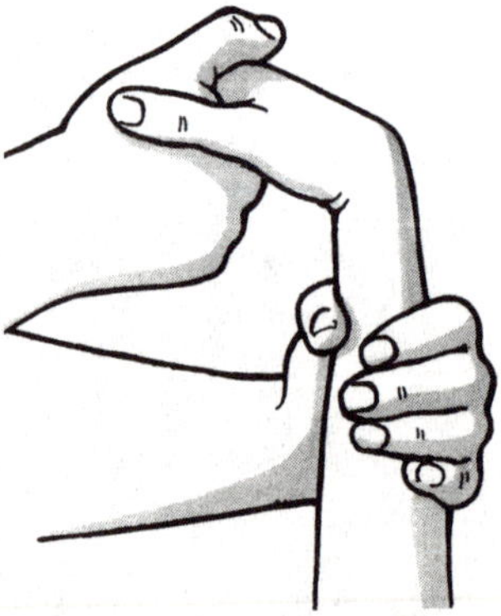

9. Schritt

Fußmassage

Massagestellungen

Zunächst müssen Sie mit Ihrem Partner eine möglichst bequeme Position finden, bei der Sie entspannt den Fuß behandeln und er sich entspannt zurücklehnen kann.

1. Position: Der Masseur sitzt auf einem Stuhl und der Partner liegt auf dem Bauch auf dem Boden, sein Fuß ruht auf den Knien des Massierenden.

2. Position: Sie wird ab Massageschritt 6 eingenommen. Der Partner liegt auf dem Rücken und winkelt sein Bein so an, dass der Massierende es bequem behandeln kann. Seine Knie sind im 90-Grad-Winkel gebeugt (2a). Oder: Beide sitzen auf einem Stuhl, auf den Knien des Masseurs liegt der Fuß des Partners (2b).

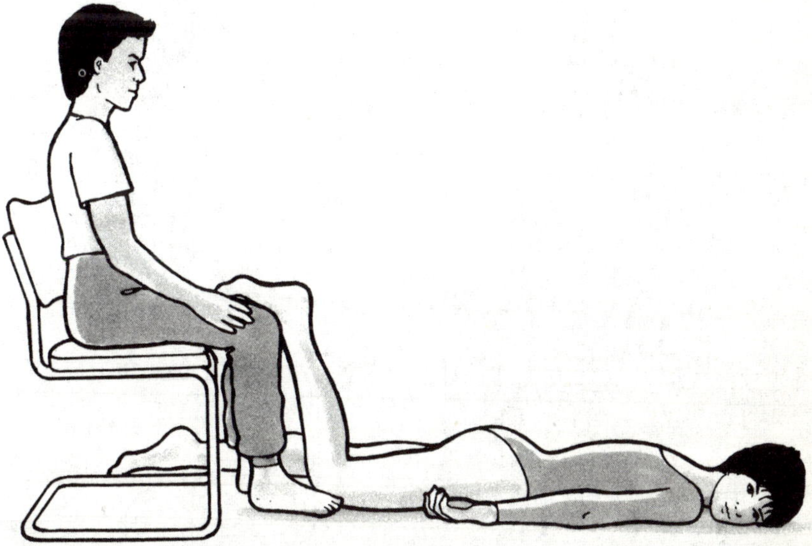

Massagestellung 1

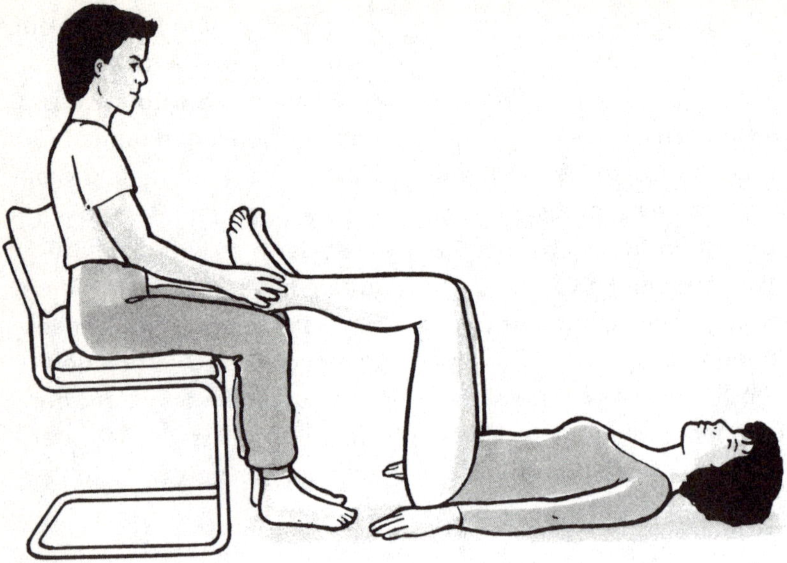

Massagestellung 2a

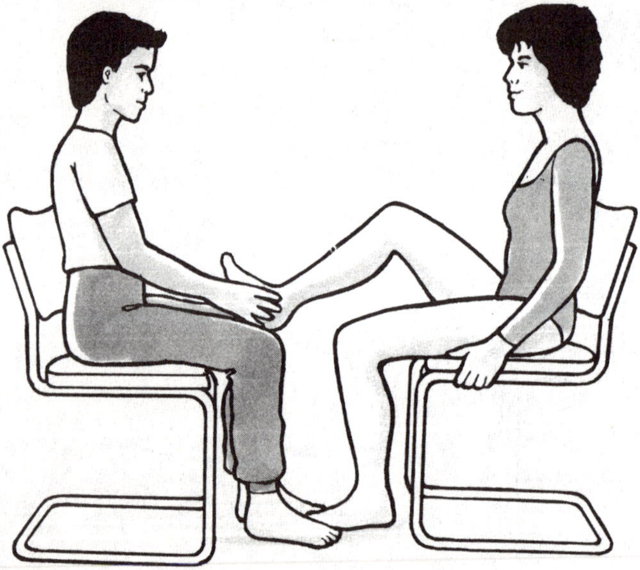

Massagestellung 2b

1. Schritt

Legen Sie zunächst beide Hände um den Fuß des Partners, die Finger sind entspannt. Drücken Sie nun sanft eine Hand vor und ziehen Sie die andere zurück (1. A). Es entsteht dabei eine »rubbelnde« Bewegung, bei der der ganze Fuß in eine Drehbewegung gebracht wird. Werden Sie allmählich schneller, die Hände sollten dabei ständig Fußkontakt haben (1. B).

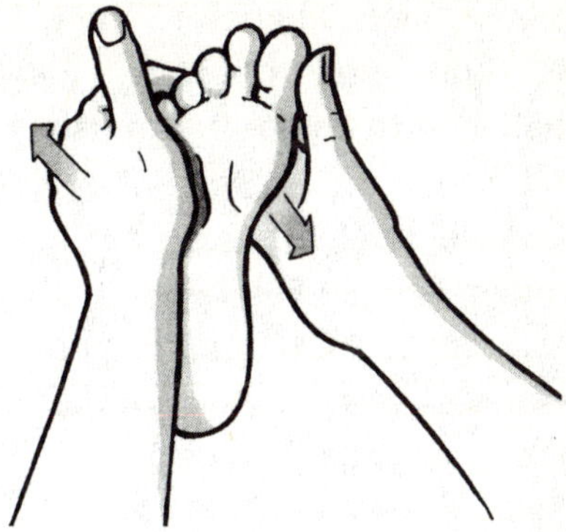

1. Schritt A

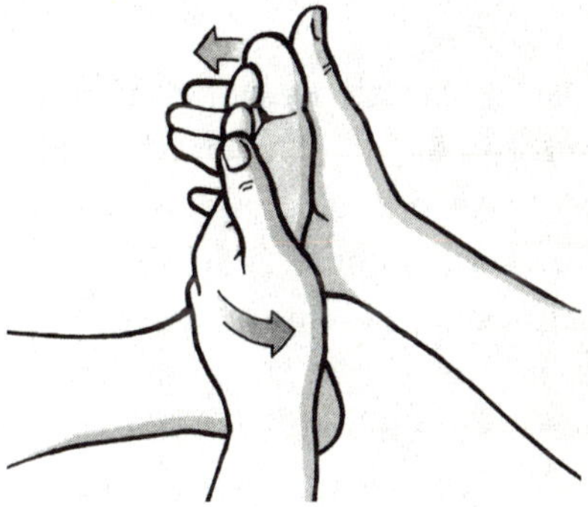

1. Schritt B

2. Schritt

Wenn Sie beispielsweise den rechten Fuß bearbeiten, legen Sie Ihre linke Hand um die Grundgelenke der Zehen und halten somit die Zehen gerade. Biegen Sie sie nicht nach hinten oder vorne. Die rechte Hand haben Sie nun zum Arbeiten frei. Sie massieren den Fuß mit dem Daumen, die übrigen Finger ruhen auf dem Fußrücken des Partners. Kneten Sie so die Fußsohle durch.

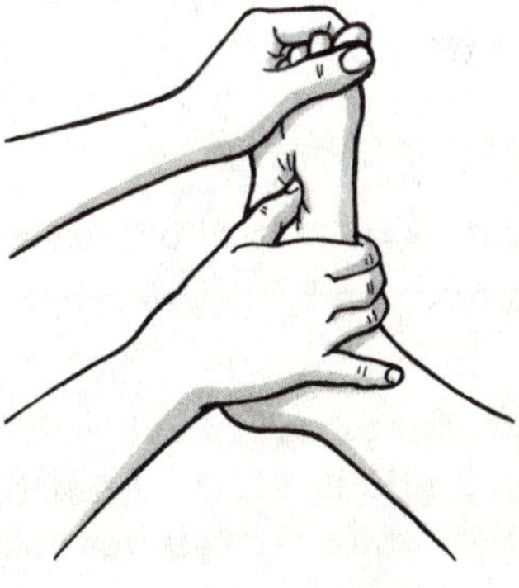

2. Schritt

3. Schritt

Sie nehmen die gleiche Haltung wie beim 2. Schritt ein. Drücken

Sie mit dem Daumen fest in die Wölbung direkt unter dem Fußballen. Ihre andere Hand hält die Zehen an der Basis. Nun biegen Sie den Fuß zu sich hin, indem Sie den Fuß gegen den Daumen ziehen. Der Daumen wandert von diesem zentralen Punkt langsam hinaus bis zur Fußaußenkante. Das kann schmerzhaft sein, tut aber gut.

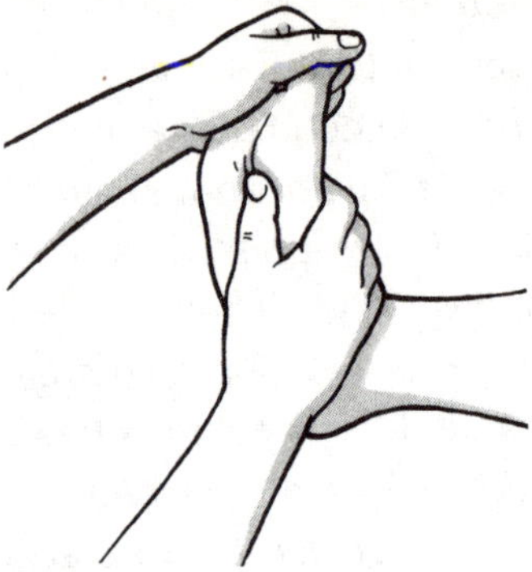

3. Schritt

4. Schritt

Wollen Sie die Ferse behandeln, müssen Sie eine etwas andere Drucktechnik anwenden. Der Fuß wird, wie im 2. Schritt beschrieben, gehalten. Stellen Sie sich nun vor, Ihr Daumennagel wäre eine Biene. Stich für Stich (andrücken und loslassen) arbeiten Sie sich über die ganze Ferse. Das ist notwendig, da die Haut dort besonders dick ist.

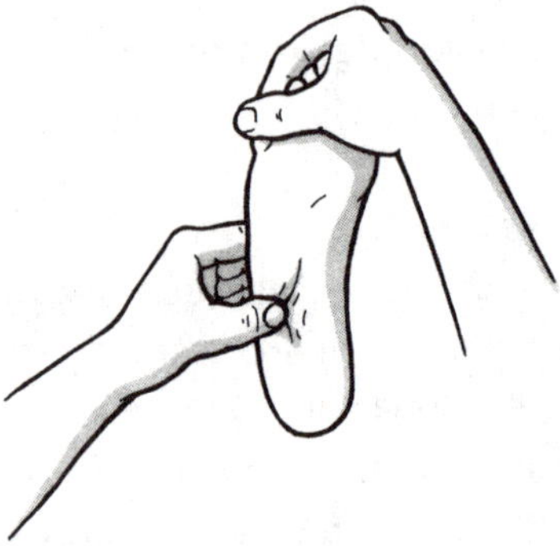

4. Schritt

5. Schritt

Wohltuend ist auch die Reflex-Rotation: Sie halten den Fuß so, als wollten Sie einen Lappen auswringen. Der Daumen Ihrer unteren Hand drückt auf die Vertiefung unterhalb des Fußballens. Der Hand, die die

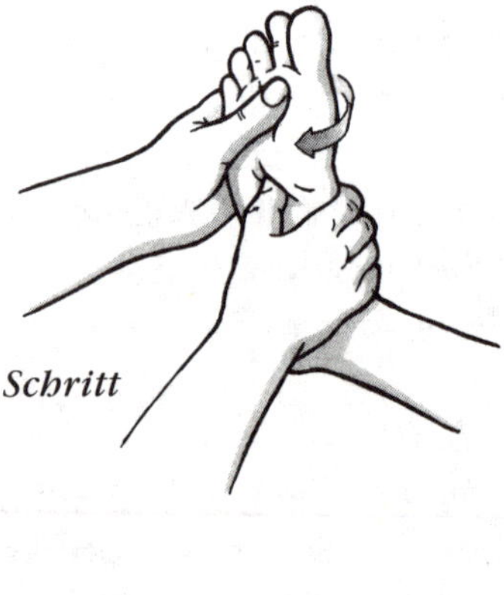

5. Schritt

Zehen umfasst, »wringt nun den Lappen«, sprich den Vorderfuß, einmal nach rechts und einmal nach links.

6. Schritt

Jetzt behandeln Sie einmal den Fußrücken. Eine Hand hält wiederum die Zehen gerade, während die andere Hand, diesmal mit dem Zeigefinger, sich von den Zehenzwischenräumen nach unten zum Knöchel hinarbeitet (6. A). Sie beginnen mit dem großen Zeh und arbeiten sich vor zum kleinen. Verwenden Sie jetzt nicht die Fingernägel, sondern ausschließlich die Fingerkuppen für die Massage (6. B). Wechseln Sie die Handstellung und massieren Sie mit der anderen Hand in gleicher Weise, diesmal vom kleinen Zeh bis zum großen Zeh.

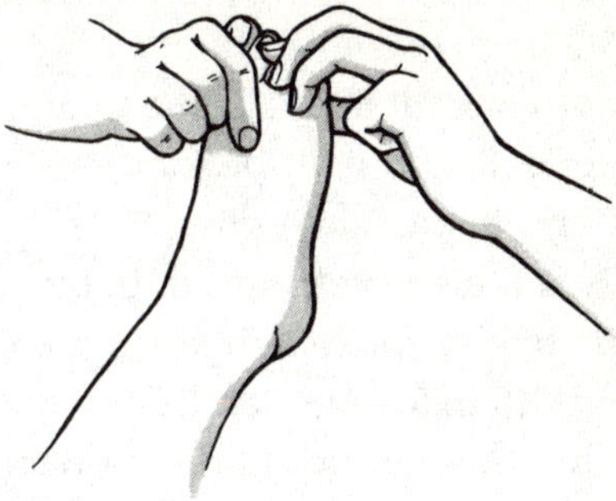

6. Schritt A

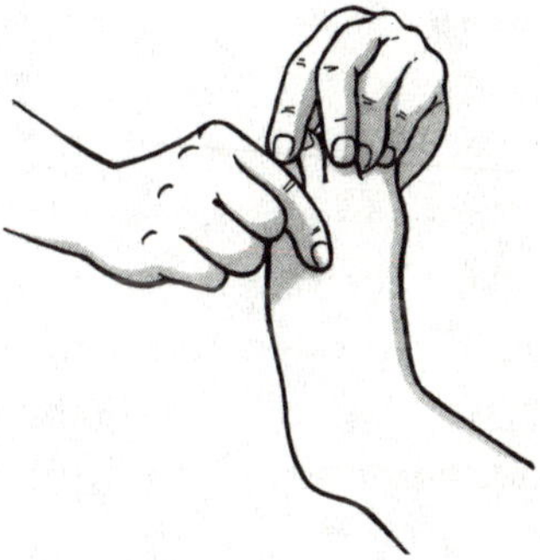

6. Schritt B

7. Schritt

Wenn Sie beispielsweise den linken Fuß behandeln, stützen Sie die Grundgelenke der Zehen mit der rechten Hand. Die Finger der linken Hand liegen über den Fingern der rechten, während der Daumen die Behandlung durchführt. Beginnen Sie beim großen Zeh und wandern Sie mit dem Daumen vom Zehgelenk hinauf bis zu den Zehenspitzen. So arbeiten Sie alle Zehen bis zum kleinsten durch. Beim kleinen Zeh angekommen, wechseln Sie die Handstellung und arbeiten sich dann mit der rechten Hand vom kleinen Zeh zum großen Zeh zurück.

7. Schritt

8. Schritt

Halten Sie den Fuß in der rechten Hand und arbeiten Sie mit dem Daumen der anderen Hand von der Seite aus um den Ansatz des großen Zehs herum. Dann wechseln Sie die Hände und arbeiten sich in die andere Richtung wieder zurück.

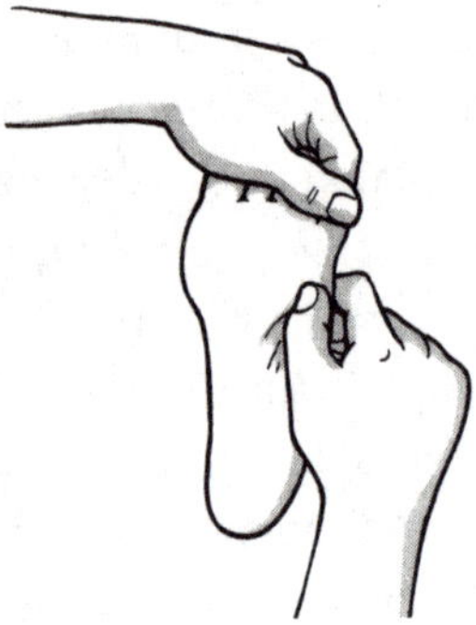

9. Schritt

9. Schritt

Halten Sie den Fuß mit einer Hand an den Zehen. Mit dem Daumen (besser gesagt mit der Daumenseite) arbeiten Sie sich nun vom Mittelfußknochen zum Zehenansatz hin. Wechseln Sie nun die Handstellung und arbeiten Sie sich mit dem anderen Daumen von den Zehen hin zur Mittelfußpartie durch.

10. Schritt

Zum Abschluss bearbeiten Sie die Außenkanten der Füße. Die eine Hand hält wieder die Zehen gerade (10. A). Mit dem Daumen der anderen Hand beginnen Sie am inneren Rand der Ferse und arbeiten sich langsam aufwärts bis zum großen Zeh. Je nachdem, wie dick die Haut ist, müssen Sie mal mehr und mal weniger Druck ausüben. Der Daumen, der die Massage ausführt, sollte an einer Stelle des Fußes liegen (die Finger sind auf der Fußrückenseite) (10. B). Gibt es eine Stelle in diesem Bereich, auf die der Partner besonders empfindlich reagiert, massieren Sie diese etwas länger und etwas sanfter.

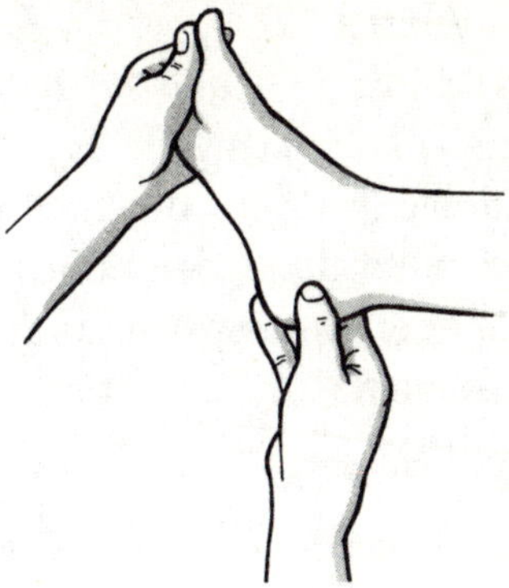

10. Schritt A

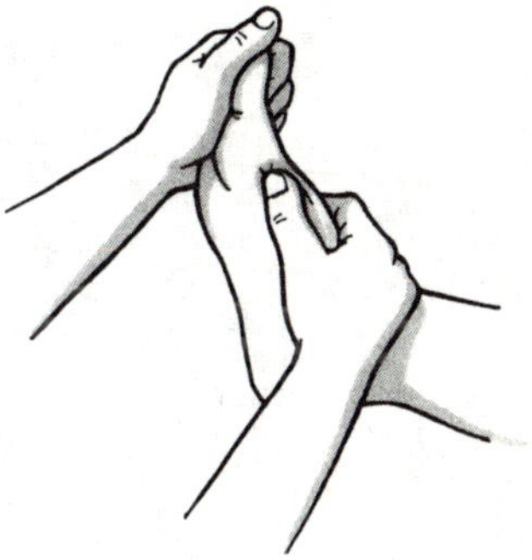

10. Schritt B

11. Schritt

Anschließend ziehen Sie, ähnlich wie bei den Fingern, auch die Zehengelenke des Partners noch nacheinander sanft aus. Denken Sie daran, dass jeder Zeh, so klein er auch erscheinen mag, zwei Gelenke hat.

12. Schritt

Zum Schluss bewegen Sie das Fußgelenk ähnlich wie das Handgelenk einmal durch. Eine Hand stützt dabei den Knöchel, die andere umfasst den Vorderfuß (siehe dazu auch S. 154, 9. Schritt).

13. Schritt

Wie jede Massage, so wird auch die Fußmassage durch Ausstreichen beendet. Dazu halten Sie das Kniegelenk mit einer Hand und streichen mit der anderen Hand den Unterschenkel nach unten hin aus.

Entspannungsmassage für Kopf und Gesicht

Die meisten Menschen sind, auch wenn sie es nicht so gerne zugeben, »Kopfmenschen«. Sie sind diszipliniert und beherrscht. Sie glauben, wenn sie alles einer Prüfung des Verstandes unterziehen, haben sie alles im Griff und unter Kontrolle. Solche Kopfarbeit belastet, denn sie unterdrückt Stimmungen und Verhaltensweisen, die gerade nicht ins Konzept passen. Die natürliche Folge sind Verspannungen und Stress. Leichter kann man es sich machen, wenn man gefühlsmäßige Dinge einfach »aus dem Bauch heraus« entscheidet. Das ist oftmals wesentlich gesünder und entspannter. Eine gute Hilfe für verspannte »Kopfmenschen« und Entspannung für den ganzen Körper geben die Massageschritte für den Kopf- und Gesichtsbereich.

Kopf- und Gesichtsmassage für perfekte Entspannung

Das Gesicht des Menschen ist seine Visitenkarte. Es zeigt offen und ehrlich die Gefühle und Stimmungen, es kann schon durch kleinste Muskelbewegungen seinen Ausdruck verändern und hinterlässt in allen Fällen einen bleibenden Eindruck. Stress und Anspannung zeigen sich deshalb auch zuerst in diesem Körperbereich. Die Augen wirken müde, das Gesicht ist angespannt, der Mund verkniffen. Wer sich nach Entspannung sehnt, dem kann eine Gesichtsmassage nur gut tun. Und weil Gesicht und Kopf eine Einheit bilden, massiert man sie am besten auch zusammen. Anspannung und Verspannungen können vom Kopf auf den ganzen Körper übergehen, belasten den Organismus und dämpfen die Stimmung. Entspannung bringt dann nur noch eine ausgiebige Massage des Kopf- und Nackenbereichs, bei der die Muskulatur gelockert und die Durchblutung angeregt werden.

Zu den Übungen

Die Massageschritte auf den folgenden Seiten wurden von einer Expertin besonders sorgfältig geprüft und ausgewählt. Eine strenge Auswahl war notwendig, weil Gesicht und Kopf an manchen Punkten besonders empfindlich sind. Um die meisten der vorgestellten Massagegriffe perfekt anzuwenden, brauchen Sie wiederum einen Partner. Es gibt allerdings auch Massagetechniken, die solo ausgeführt werden können (Massageschritt 3, 4, 5, 6, 7, 8, 10, 11). Verwenden Sie bei einer Kopfmassage kein Öl und im Gesichtsbereich besser eine Creme, denn in diesem Fall ist es wichtiger, die Bereiche »sicher« im Griff zu haben und nicht »auszurutschen«.

Für diese Massagetechniken brauchen Sie auch weitaus weniger Kraft – es kommt vielmehr auf das notwendige Fingerspitzengefühl an.

Kopf- und Gesichtsmassage auf einen Blick

Kopf- und Gesichtsmassage – für wen: Für alle, die sich entspannt verwöhnen lassen wollen. Gut gegen Kopfschmerzen und Migräne.
Kleidung: beliebig.
Kosten: keine.
Gesundheitliche Einschränkungen: Entzündungen im Gesichtsbereich.
Voraussetzungen: keine.

Massagepositionen:
Den Kopf und Nackenbereich massiert man im Sitzen, der Oberkörper kann vornübergebeugt auf einem Kissen ruhen. Nur in dieser Position ist es dem Massierten möglich, vollkommen zu entspannen und auch die Wirbelsäule nicht zu belasten. Einzige Ausnahme ist der erste Massageschritt, er wird im Liegen ausgeführt. Die Gesichtsmassage kann auch im Liegen ausgeführt werden.

Kopfmassage

1. Schritt

Für die erste Massagetechnik benötigen Sie ein Handtuch als Hilfsmittel. Der Partner liegt auf dem Rücken. Unter seinem Kopf breiten Sie ein Handtuch aus und lagern den Kopf in die Mitte. Nun fassen Sie das Tuch an beiden Enden zusammen, haben Sie es sicher im Griff, heben Sie das Handtuch (mit dem Kopf) leicht an. Wiegen Sie den Kopf hin und her, indem Sie das Handtuch mal nach rechts oben und mal nach links

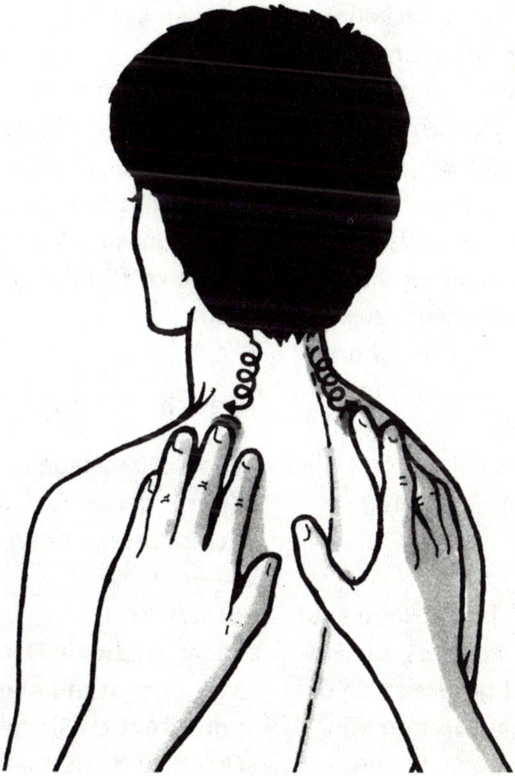

2. Schritt

oben ziehen. Der Massierte bleibt dabei völlig passiv – Sie als Massierender bewegen den Kopf.

2. Schritt

Der Partner sitzt bei diesem und bei allen folgenden Massageschritten.
Legen Sie die mittleren Fingerkuppen beider Hände an den linken und rechten Nackenbereich am Haaransatz unterhalb der Ohren. Nun reiben Sie die Muskulatur spiralförmig zu den Schultern hin. An den Schultern angekommen, führen Sie Ihre Hände mit den Innenflächen zurück zum Ausgangspunkt und beginnen erneut. Beim zweiten Durchgang dürfen Sie schon etwas mehr Druck ausüben als beim ersten. Das Zurückstreichen sollte stets als sanftes Gleiten empfunden werden.

3. Schritt

Nun legen Sie beide Hände auf den Kopf des Partners, die Finger sind leicht gespreizt, so dass Sie die Kopfhaut spüren können. Nun bewegen Sie die Kopfhaut hin und her, der Druck der Fingerspitzen darf ruhig etwas fester sein. So massieren Sie den ganzen Kopf.

4. Schritt

Ergreifen Sie nun jeweils ein Büschel Haare und ziehen Sie leicht an den Haarwurzeln, indem Sie die Finger durch das Haarbüschel nach oben gleiten lassen. So behandeln Sie den ganzen Kopf.

5. Schritt

Ein Massagegriff, den Sie sicher vom Haarewaschen kennen. Die Fingerspitzen liegen auf der Kopfhaut und Sie reiben mit ihnen kräftig die gesamte Kopfhaut durch.

Gesichtsmassage

Von der Massage des ganzen Kopfes gehen Sie nun in die Gesichtsmassage über.

6. Schritt

Legen Sie beide Daumen in der Mitte der Stirn nebeneinander und streichen Sie mit mäßigem Druck zu den Schläfen hin. Dort angekommen führen Sie mit dem Daumen langsam, kreisende Bewegungen aus. Der anfänglich leichte Druck wird dabei allmählich verstärkt. Wenn Sie die Kreisbewegungen beendet haben, führen Sie die Daumen streichend zurück zur Stirnmitte. Achten Sie darauf, dass Sie nicht zu den Augen hin abrutschen.

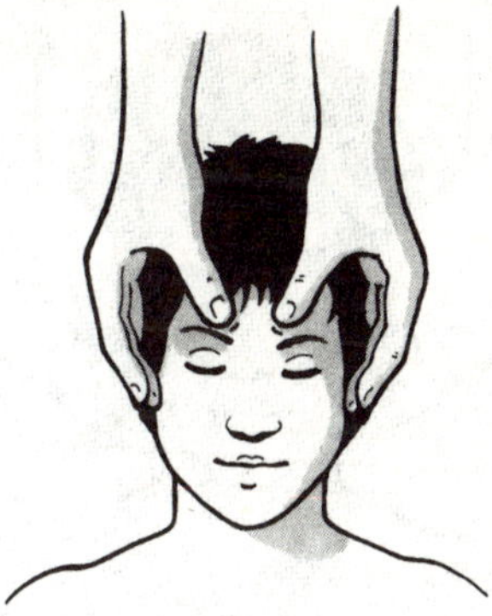

6. Schritt

7. Schritt

Nehmen Sie nun die Fingerkuppen von Zeige- und Mittelfinger und massieren Sie in kreisenden Bewegungen Wangen und Kinn. Beginnen Sie unterhalb der Wangenpartie und arbeiten Sie sich so langsam zum Kinn vor. Sie können mit dieser Technik gleichzeitig beide Gesichtshälften massieren oder als Eigenmassage auch nur eine Seite. Schmerzhafte Stellen bearbeiten Sie etwas länger, aber nicht intensiver.

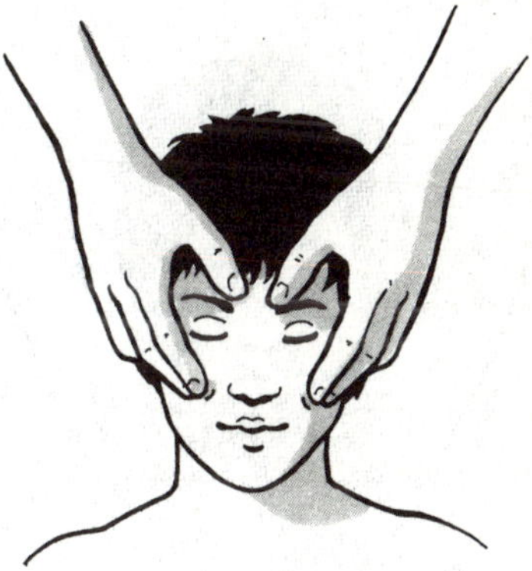

7. Schritt

8. Schritt

Nun legen Sie beide Daumen auf die Augenbrauen. Ziehen Sie die Daumen fest über die Brauen zur Seite hin bis zum Haaransatz an der Schläfe. Bleiben Sie dabei gleichmäßig am Knochenrand, nicht zu den Augen abrutschen.

9. Schritt

Fahren Sie jetzt mit Ihrem Daumen abwechselnd von oben nach unten über den Nasen-

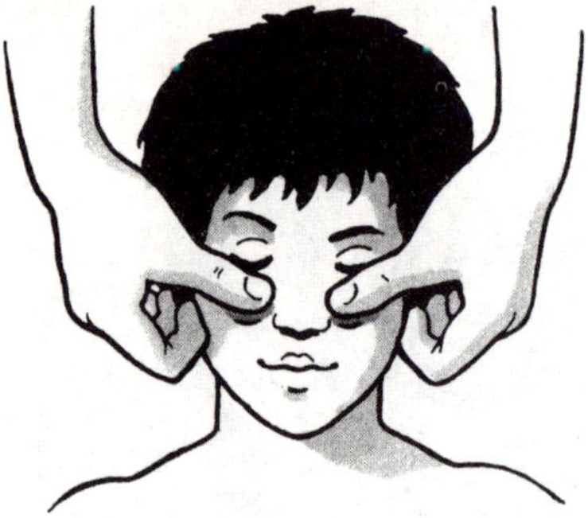

10. Schritt

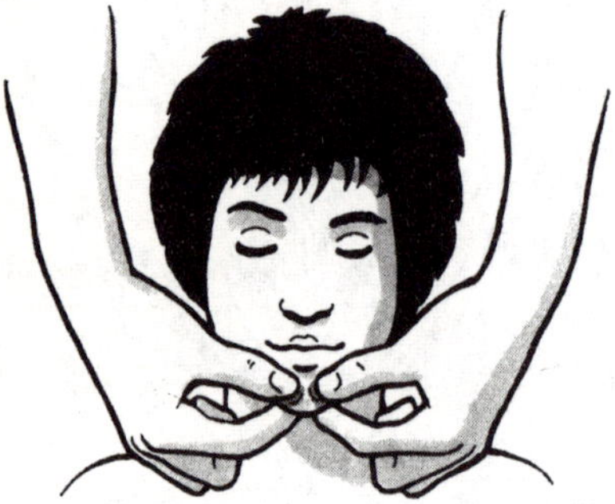

11. Schritt

rücken. An der Nasenspitze angekommen, drücken Sie diese kurz und leicht zwischen Daumen und Zeigefinger zusammen, verharren Sie einen kurzen Moment.

10. Schritt

Legen Sie beide Daumen direkt unter die inneren Augenwinkel des Partners. Nun ziehen Sie die Daumen über die Backenknochen zum Haaransatz hinter den Ohren. Setzen Sie als nächstes etwas tiefer an. Arbeiten Sie sich so streifenweise über das ganze Gesicht, zu den unteren Backenknochen, zur Oberlippe und schließlich zur Unterlippe. Massieren Sie den Nasenbereich, aber achten Sie stets darauf, dass Sie die Atmung nicht behindern.

11. Schritt

Suchen Sie zunächst mit den Fingerspitzen die Kaumuskeln. Sie sind oft sehr verspannt und sorgen für einen »verkniffenen« Zug um die Mundwinkel. Massieren Sie den Kaumuskel in kreisenden Bewegungen auf beiden Gesichtshälften bis zu den Ohrläppchen hin.

12. Schritt

Legen Sie Ihre Handballen seitlich rechts und links neben die Nase – die Finger zeigen nach außen zu den Ohren hin. Nun schieben Sie langsam die Hände auseinander und lassen Sie sie mit leichtem Druck über die Wangen bis zu den Ohren hingleiten.

13. Schritt
Schließlich fassen Sie die Ohren zwischen Finger und Handballen. Ziehen Sie Ihren Partner nun sanft an den Ohren, dann kneten Sie diese rundherum zart zwischen Daumen und Fingern.

14. Schritt
Zum Schluss wieder Ausstreichen. Diesmal von der Kopfmitte über die Wangen und über den gesamten behaarten Kopfbereich in Richtung Nacken und hinauf zum Scheitel.

Entspannungsmassage für den ganzen Körper

Massieren hat eine jahrtausendelange Tradition und die medizinische Wirkung ist unumstritten. Ob klassische Ganzkörpermassage oder die Behandlung einzelner Körperteile, die Effekte sind immer gleich:

- Massagen fördern die Durchblutung, und zwar um 300 bis 500 Prozent. Besser durchblutet werden primär die Muskelpartien, als Folgeerscheinung dann aber auch die inneren Organe.
- Massagen können auch Schmerzen lindern oder ganz vertreiben. Der Grund: schmerzauslösende Substanzen, die sich vermehrt in verspannten Körperteilen ansammeln, werden schneller ausgeschwemmt.
- Massagen regen den Stoffwechsel an, der Lymphstrom wird aktiviert.
- Massagen beeinflussen aber auch die Stimmung, lassen Stress und Anspannung verschwinden. Mit bestimmten Griffen kann der Massierende beruhigen oder aufmuntern.

Die Atmung wird tiefer und ruhiger. Darüber hinaus wird durch die bessere Durchblutung der Haut auch die Sauerstoffzufuhr erhöht.

Wie wirkt eine Massage?

Durch die streichenden, knetenden oder klopfenden Handgriffe werden zahlreiche Nervenenden und Muskelfasern aktiviert. Sie liegen in der Haut und bilden eigentlich das Warnsystem des Körpers. Sie nehmen Reize auf und leiten sie blitzschnell an das Gehirn und an das Rückenmark weiter. Von dort aus werden wiederum entsprechende Befehle an die verschiedenen Organe und Muskelpartien geschickt. Ein Beispiel: Druck signalisiert normalerweise Gefahr. Gehirn und Rückenmark reagieren mit einer vermehrten Bildung von Histamin. Dieser Stoff erweitert die Gefäße und sorgt für eine stärkere Durchblutung. Somit ist auch der Massageeffekt leicht zu erklären: Muskelpartien werden besser durchblutet, dadurch lösen sich Verspannungen schneller, der Körper kann sich entspannen. Verschiedene Massagegriffe fördern auch die Produktion von Endorphinen, dem körpereigenen Opiat. Die Folge: Sie fühlen sich leicht schläfrig, die Schmerzen lassen nach und die Laune wird deutlich besser.

Ganzkörpermassage und Entspannung

Massagen müssen nicht immer einen speziellen medizinischen Effekt haben. Besonders entspannend kann es auch sein, sich zu Hause von einem Partner oder einer Partnerin massieren zu lassen. Was hier noch stärker als bei jeder anderen Massage vermittelt wird, ist das Gefühl von Geborgenheit und Wärme, Nähe und Fürsorge. Voraussetzung dafür ist allerdings, dass man sich in den Händen des anderen auch wohl fühlt, ihm vertraut und der dabei entstehende Körperkontakt nicht als unangenehm empfunden wird. Bei einer Partnermassage durch einen vertrauten Partner werden nicht nur verspannte Muskeln gelockert, sondern auch gleichzeitig eine Art Seelenmassage betrieben – der Körper des Massierten entspannt sich, selbst wenn der Massierende etwas ungeschickt arbeitet.

Zu den Massageschritten

Auf den folgenden Seiten werden knapp 30 Massagegriffe für die unterschiedlichsten Körperteile vorgestellt. Eine Ganzkörpermassage beginnt in der Regel in der Rückenlage, wobei zuerst die Füße und Fußsohlen massiert werden. Wählen Sie dazu einige Massageschritte aus dem Teil Fuß- und Handmassage auf Seite 155 ff. Die Massage geht dann über die Beine zu den Schultern und Armen, Massageschritte für die Hände finden Sie auf Seite 148 ff. In der nun folgenden Bauchlage massieren Sie wiederum zuerst die Beine, dann den Po und Rücken, zum Abschluss noch die Nackenpartie. Eine Massage von Kopf und Gesicht können Sie ebenfalls in eine Ganzkörpermassage integrieren, entsprechende Anleitung gibt es auf Seite 163 ff. unter diesem Stichwort.

Wenn Sie sich massieren lassen, ... stimmen Sie sich richtig ein, indem Sie vorher beispielsweise ein warmes Bad nehmen. Die Muskulatur ist dann locker und geschmeidig. Das Zimmer sollte eine angenehme Temperatur haben, als Massageunterlage genügt eine Wolldecke auf dem Boden. Es ist nicht notwendig, sich für eine Massage zu entkleiden. Im Gegenteil, zu viel bloße Haut lenkt nur von der Entspannung ab.

Körperteile, die gerade nicht massiert werden, können zum Beispiel mit einem Handtuch abgedeckt werden. Schließen Sie während der Massage die Augen und konzentrieren Sie sich auf Ihre Atmung. Wenn Sie massiert werden, sollten Sie nicht mitarbeiten. Lassen Sie sich bewegen, sagen Sie, welche Berührungen und Griffe gut tun, aber auch wenn es schmerzt. Bleiben Sie nach der Massage noch etwas liegen.

Wenn Sie einen Partner massieren, müssen auch Sie entspannt sein. Knien oder setzen Sie sich vor, hinter oder neben den Partner. Die Kraft, die Sie für die Massage brauchen, sollte vom ganzen Körper und nicht nur von den Händen ausgehen. Sorgen Sie vorab dafür, dass Ihre Hände warm sind, das ist für beide Seiten angenehmer. Bei allen Griffen, die Sie anwenden, fordern Sie den Partner auf, zu sagen, was er als angenehm empfindet und was ihm unangenehm ist. Genießen Sie die anschließende Ruhephase gemeinsam. Wenn Sie massiert haben, lassen Sie in dieser Zeit Ihre Hände auf dem Körper des Partners ruhen. Tipps für die vier richtigen Grundgriffe:

- Streichungen werden mit der ganzen Handfläche gemacht. Beide Hände fahren mit sanftem Druck über das Muskelgewebe.
- Kneten dürfen Sie große Muskelpartien, beispielsweise im Nacken, an den Oberarmen, Waden und am Po. Sie massieren mit beiden Händen, als ob Sie einen Teig kneten.
- Reibungen machen Sie am besten mit dem Daumen oder den Fingerkuppen, manchmal auch mit dem Ellenbogen. Anwendungsbereiche sind: neben der Wirbelsäule, an den Unterarmen, an Händen und Füßen.
- Klopfen Sie auf weichem Gewebe (Po oder Schenkel) mit den flachen Händen oder Handkanten.

Wichtig: Damit Sie wissen, was Sie tun und wo Sie problemlos massieren dürfen, orientieren Sie sich an den aufschlussreichen Zeichnungen des Muskelgewebes (Seite 110–111).
Tabu für Laien sind der Bauch und die Wirbelsäule, auch bei einer Massage der Brust ist große Vorsicht geboten.

Ganzkörpermassage auf einen Blick

Massage – für wen: Für alle, die einen gemeinsamen Weg der Entspannung suchen.
Kleidung: leicht und aus dünnem Material.
Kosten: keine.
Gesundheitliche Einschränkungen: Wirbelsäulen- und Bandscheiben-Probleme, Gelenkerkrankungen und Hüftschäden.
Voraussetzungen: keine.

Entspannungsposition:
Der Partner liegt auf dem Rücken, als Unterlage genügt in der Regel eine Decke oder harte Matratze.

Vorderseite der Beine

1. Schritt
Zunächst lockern Sie die Beinmuskulatur, indem Sie sie schütteln. Legen Sie dazu beide Hände auf die Oberschenkel und beginnen Sie dort mit leichten Schüttelbewegungen. In gleicher Weise lockern Sie die Muskulatur des Unterschenkels.

2. Schritt
Nehmen Sie eine Position ein, die es Ihnen ermöglicht, das ganze Bein des Partners mit den Händen bequem zu erreichen. Legen Sie nun eine Hand an den Fußknöchel des Partners und gleiten dann mit der Hand das Bein hinauf bis zur Hüfte und wieder zurück. Das wiederholen Sie einige Male. Träufeln Sie dann ein wenig Öl auf Ihre Hände und massieren Sie das Bein weiter. Sie können die Hände auch parallel zum Bein legen (Fingerspitzen zeigen dann nach außen) und so darüberstreichen.

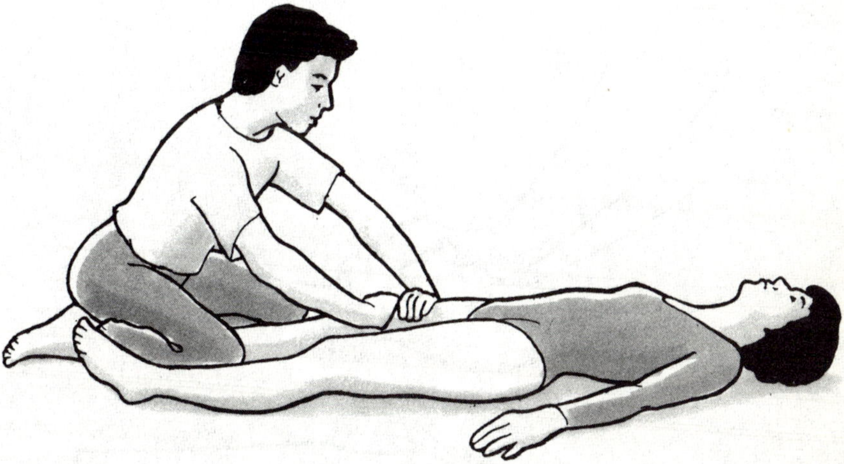

2. Schritt

3. Schritt

Legen Sie Ihre Hände wiederum auf den Knöchel und machen dort zunächst einige kreisende Bewegungen. Anschließend zeigen die Finger nach oben zur Hüfte. Gleiten Sie dann mit den Händen langsam am Bein hoch. Oben angekommen lassen Sie die innere Hand an der Innenseite des Schenkels herunterfahren, während die andere über das Hüftgelenk kreist. Jetzt ziehen Sie beide Hände wieder in Richtung Knöchel. Die eine auf der Innenseite und die andere auf der Außenseite der Beine. Wiederholen Sie das zwei- bis dreimal.

4. Schritt

Legen Sie nun eine Hand mit der Innenfläche auf die Kniescheibe des Partners. Ihre zweite Hand legen Sie darüber. Nun kreisen Sie mit den überkreuzten Händen sanft auf der Kniescheibe. Dreimal im Uhrzeigersinn und dreimal gegen den Uhrzeigersinn.

5. Schritt

Greifen Sie nun mit einer Hand in die Muskeln der Wade und kneten Sie diese kräftig durch. Die andere Hand wird unterhalb der Kniescheibe abgestützt. Arbeiten Sie sich so langsam nach oben in Richtung

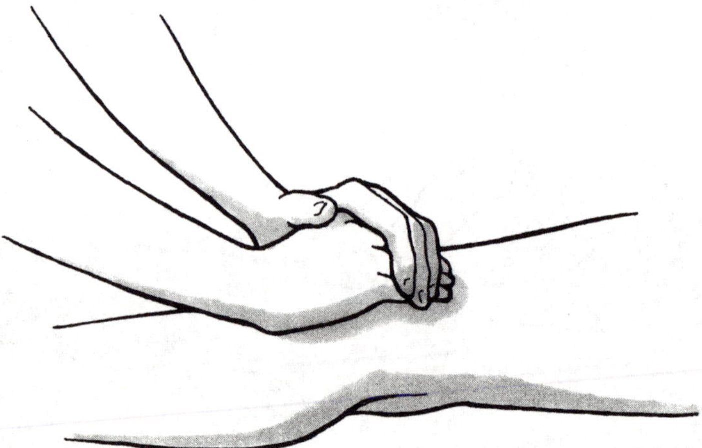

4. Schritt

Oberschenkel vor, wobei das Kniegelenk bei der Massage ausgelassen wird. Die Muskeln der Oberschenkel kneten Sie in gleicher Weise, allerdings mit beiden Händen, durch. Arbeiten Sie zunächst mit leichtem Druck, den Sie dann allmählich verstärken.

6. Schritt

Winkeln Sie nun einen Arm waagerecht an, und legen Sie die breite Fläche des Unterarms (nicht den Ellenbogen) unterhalb des Hüftgelenks auf den muskulären Bereich der Außenseite des Oberschenkels. Die andere Hand umfasst das Handgelenk Ihres angewinkelten Armes. Neigen Sie sich nun leicht nach vorne, und schieben Sie den Arm in Richtung Knie.

6. Schritt

Arme und Schultern

7. Schritt

Nehmen Sie eine bequeme Position ein, so dass Sie den Arm und die Schulter des Partners problemlos erreichen können. Geben Sie nun ein wenig Öl auf die Hände und legen Sie diese auf das Handgelenk des Partners, Ihre Finger zeigen in Richtung Schulter. Nun lassen Sie die Hände über den Arm gleiten, indem Sie den Konturen folgen. Oben angekommen gleiten Sie wieder herab und beginnen erneut.

8. Schritt

Jetzt umfassen Sie mit der linken Hand das rechte Handgelenk des Partners. Mit der rechten massieren Sie den Unterarm. Der Daumen führt dabei eine kreisende Druckbewegung aus (von unten nach oben). So können Sie hoch bis zur Schulter kneten. Je höher Sie kommen, desto stärker sollte der Druck sein.

9. Schritt

Legen Sie beide Hände leicht gewölbt über das Handgelenk des Partners. Wenn Sie den linken Arm behandeln, liegt Ihre linke Hand über der rechten. Lassen Sie nun beide Hände über die Mitte des Armes nach oben gleiten bis zur Schulter.

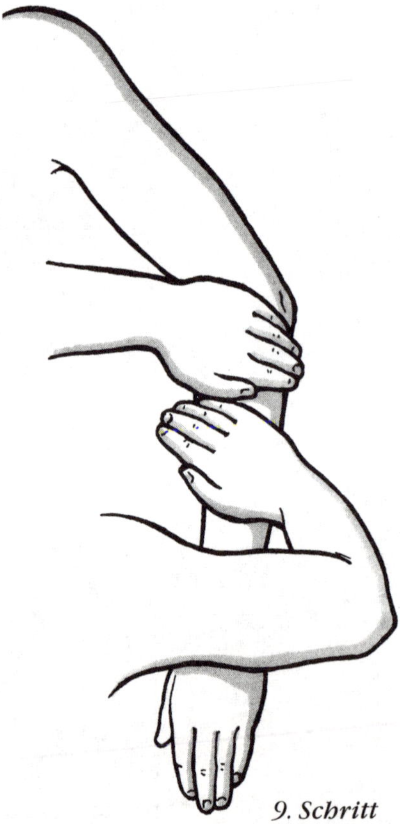

9. Schritt

Dort angekommen streicht die führende (also zum Beispiel die linke Hand) über die Schulter, während die andere sich in Richtung Achsel bewegt. Mit beiden Händen streichen Sie an den Außenseiten des Armes zum Handgelenk zurück.

10. Schritt

Knien Sie neben der Schulter des Partners und haken Sie einen Arm unter sein Ellenbogengelenk. Mit der Hand umfassen Sie jetzt Ihren freien Unterarm in Nähe des Ellenbogens. Mit Ihrer noch freien

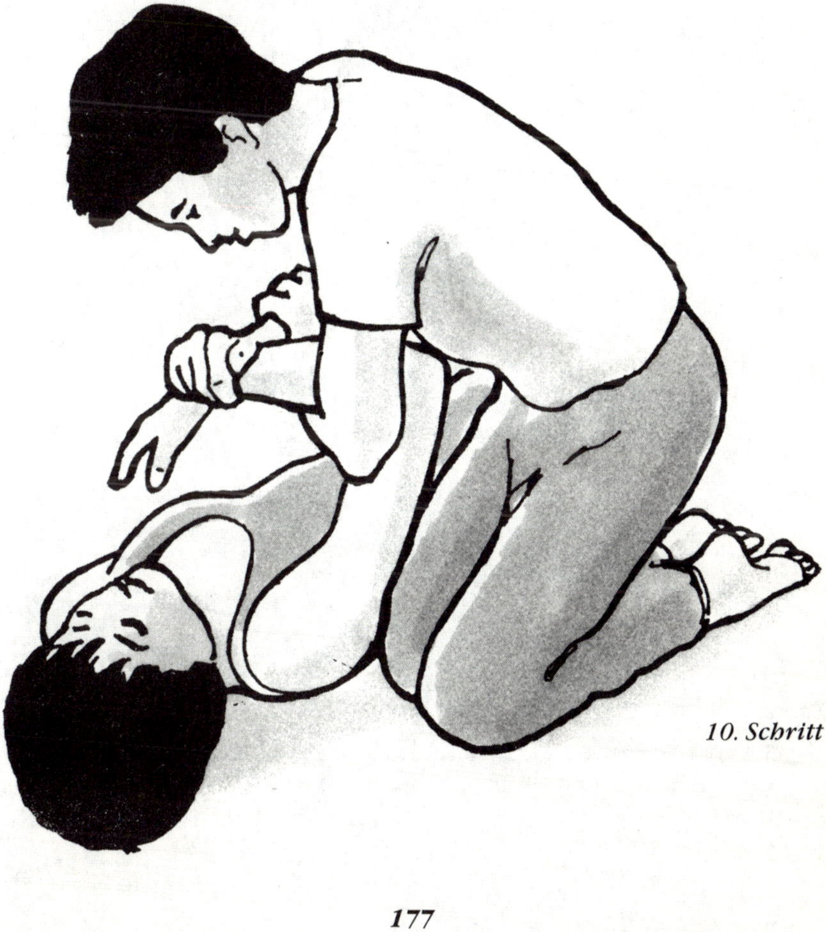

10. Schritt

Hand umfassen Sie das Handgelenk des Partners. Setzen Sie nun Ihren Körper ein, um den Arm und die Schulter des Partners anzuheben. Dann langsam wieder absenken und mehrmals wiederholen.

11. Schritt

Ergreifen Sie jetzt das Handgelenk Ihres Partners und heben Sie den Arm mit Zug über seinen Kopf. Nun ziehen Sie leicht am Handgelenk Ihres Partners, um den Arm zu dehnen. Ihre

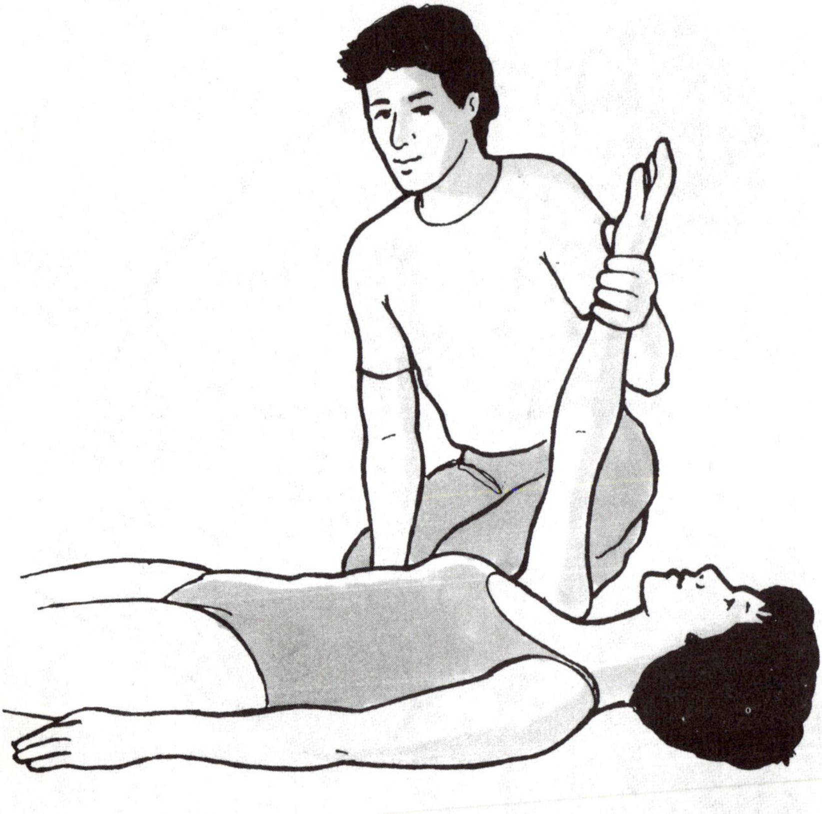

11. Schritt

andere Hand schieben Sie gleichzeitig von der Achselhöhle aus fest an der Seite des Brustkorbs herunter, damit der Arm und die gesamte Seite gedehnt werden.

Brust

Da Brust- und Bauchbereich sehr empfindlich sind, sollte eine Massage weitestgehend dem Experten überlassen werden. Aus diesem Grund wird für den Brustbereich nur ein Massageschritt gezeigt.

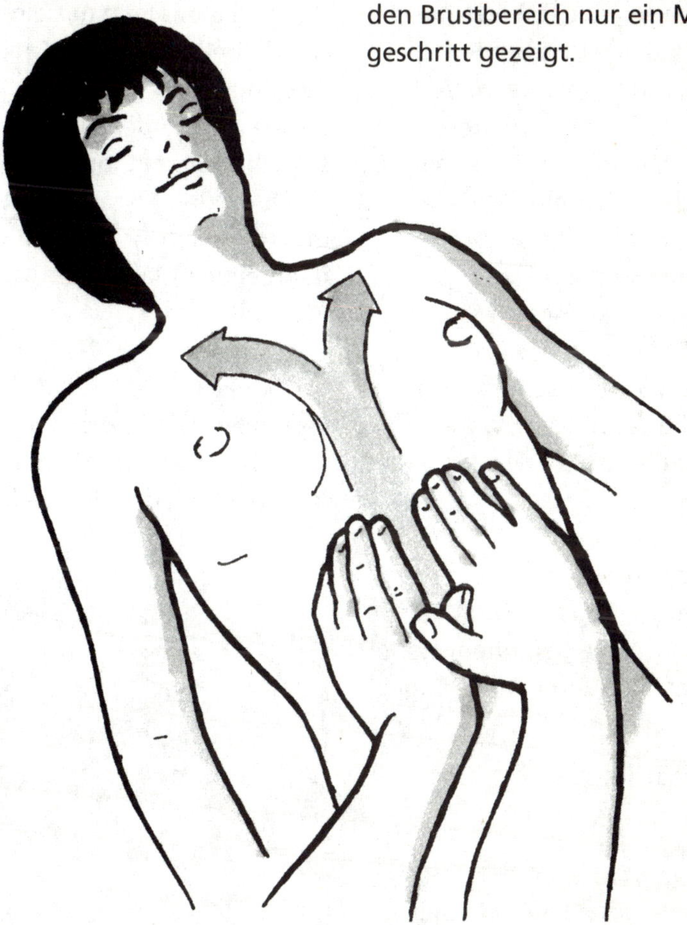

12. Schritt

12. Schritt

Legen Sie beide Hände mit den Fingerspitzen am unteren Rand des Brustbeins an, und streichen Sie mit leichtem Druck nach oben über den großen Brustmuskel. Die Hände gehen dabei leicht auseinander, bis beide Schultern erreicht werden. Einige Sekunden verweilen. Von dieser Position aus gleiten beide Hände an der linken und rechten Außenseite des Brustkorbs wieder sanft in die Ausgangsposition zurück.
Achten Sie bei dieser Massage auf die Atmung des Partners. Bei dem Strich nach oben sollte eingeatmet werden, während des Zurückstreichens wird ausgeatmet.

Massageposition

Der Partner legt sich nun auf den Bauch. Sie beginnen wieder mit der Fuß- und Beinmassage.

Fußknöchel

13. Schritt

Halten Sie den Fuß mit einer Hand fest, während die andere Hand mit Fingern und Daumen den Knöchel behandelt. Erkunden Sie mit kleinen, kreisenden Griffen der Fingerspitzen die Umgebung des Gelenks.

14. Schritt

Halten Sie das Bein mit einer Hand direkt über dem Knöchel fest und ergreifen Sie mit der anderen Hand den Fuß. Beschreiben Sie mit ihm langsam einen großen Kreis – zuerst mehrmals im Uhrzeigersinn, dann einige Male in die andere Richtung.

15. Schritt

Fassen Sie den Knöchel mit einer Hand und drücken Sie mit der anderen Hand Fußballen

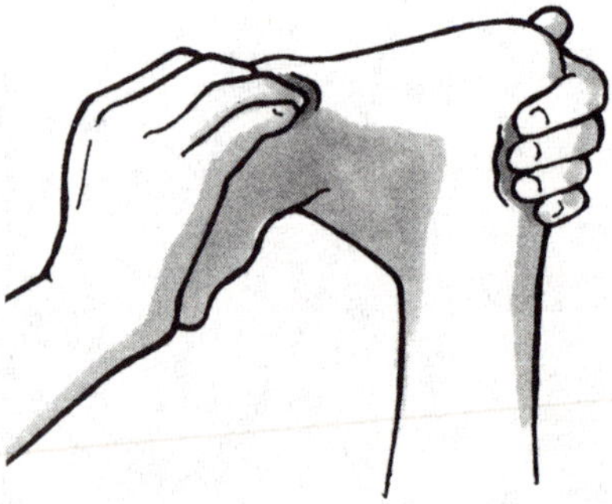

15. Schritt A

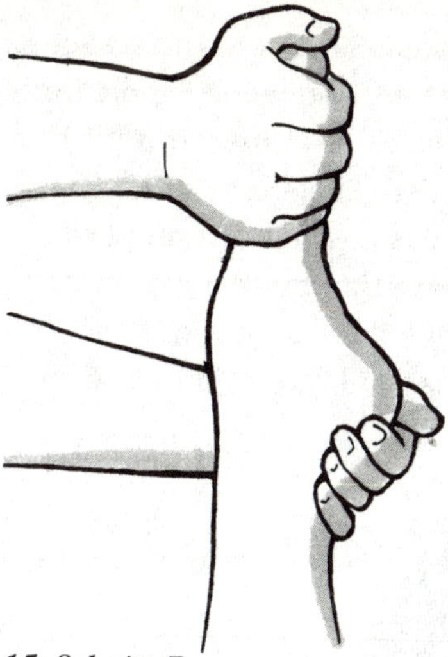

15. Schritt B

und Zehen nach unten, bis Sie einen Widerstand spüren (15. A). Dann ziehen Sie mit einer Hand den vorderen Teil des Fußes nach hinten, während Sie mit der anderen die Ferse herunterdrücken (15. B). Sie dehnen so die Fußspitze und die Vorderseite des Beins.

Rückseite der Beine

16. Massageschritt

Ölen Sie Ihre Hände ein und lassen Sie sie einen Moment auf der Rückseite der Fußgelenke liegen. Gleiten Sie nun vom unteren Rand des Fußknöchels in der Mitte der Beine nach oben, über die Pobacken und seitlich zu den Hüften. Abschließend fahren Sie mit den Händen außen an den Beinseiten nach unten, und gehen dann seitlich über die Füße bis zu den Zehen. Bei der Wiederholung der Massage streichen Sie auf der Innenseite der Schenkel herab bis zu den Zehen.

17. Schritt

Legen Sie die Hände leicht gewölbt über den Fußknöchel des Partners, und zwar die linke Hand über die rechte, wenn Sie das linke Bein bearbeiten (rechts umgekehrt). Lassen Sie beide Hände in der Mitte des Beines nach oben gleiten. Dort angekommen streicht die führende Hand über die Pobacke und um das Hüftgelenk herum, während die andere zur Innenseite der Schenkel wandert. Streichen Sie beide Hände an den Außenseiten des Beines nach unten hin bis über den Fuß.

18. Schritt

Beginnen Sie diesmal mit dem unteren Wadenbereich. Wringen und kneten Sie die Beinmuskulatur kräftig durch – und zwar von unten nach oben und wieder retour. Der Druck, den Sie dabei ausüben, sollte gleichmäßig sein.

19. Schritt

Winkeln Sie einen Arm waagerecht ab, und legen Sie die breite Fläche des Unterarms (nicht mit dem Ellenbogen) unterhalb des Pos des Partners auf. Die andere Hand umfasst das Handgelenk Ihres angewinkelten Armes. Führen Sie nun Ihren

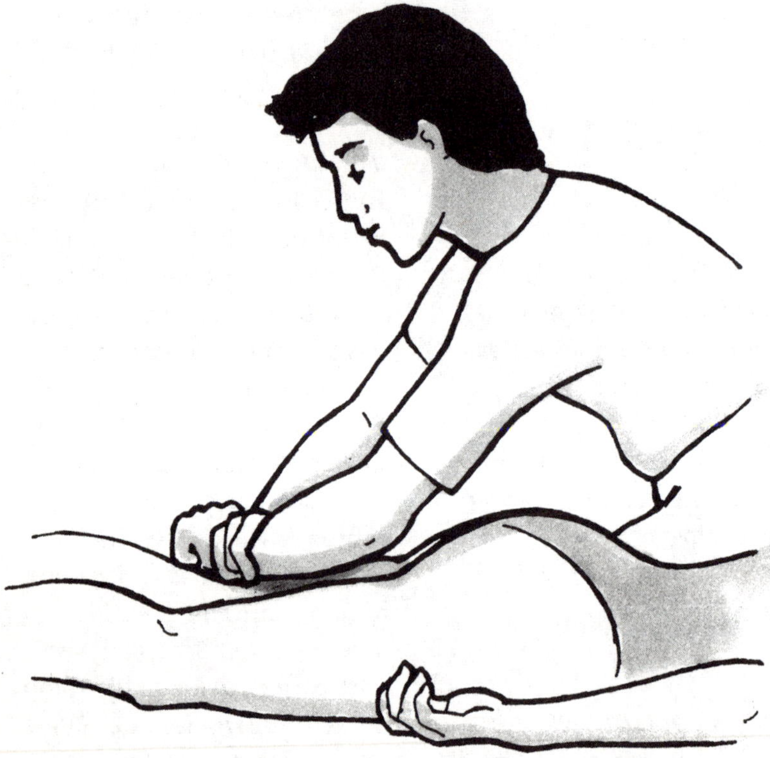

19. Schritt

Arm am Bein des Partners entlang nach unten und gleiten so bis kurz vor die Kniekehle. Dann setzen Sie den Arm in gleicher Weise unterhalb des Kniegelenks wieder an und bearbeiten auch die Unterschenkelmuskulatur. Das ist für den Partner unter Umständen schmerzhaft, arbeiten Sie deshalb nur mit leichtem Druck.

Po und Hüfte

20. Schritt

Ballen Sie eine Hand zur Faust und drücken Sie diese ziemlich in die Mitte einer Pobacke des Partners hinein. Machen Sie dabei eine knetende Bewegung, so als ob Sie einen besonders zähen Teig kneten müss-

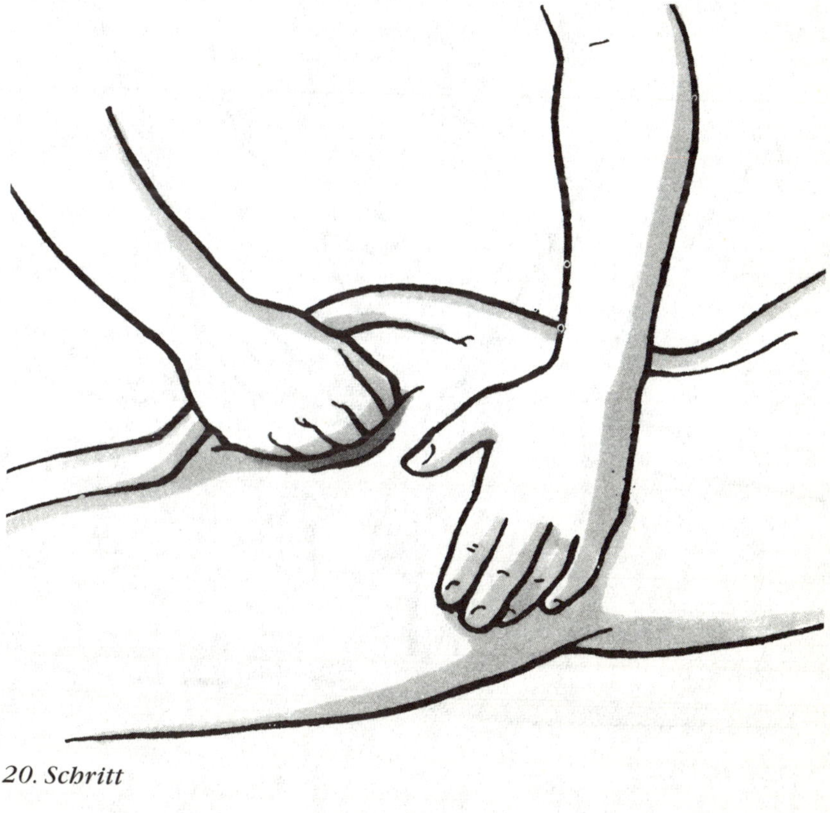

20. Schritt

ten. Mit diesem Griff entspannen Sie auf einmal die ganze Körperseite.

21. Schritt

Jetzt werden die Seiten der Pobacken hochgezogen. Ziehen Sie mit beiden Händen abwechselnd die Ihnen abgewandte Körperseite hoch. Sorgen Sie dafür, dass immer eine Hand mit dem Körper des Partners in Kontakt bleibt. Zehnmal wiederholen.

Rücken

22. Schritt

Legen Sie die Hände links und rechts von der Wirbelsäule auf, etwa in Höhe der Taille.

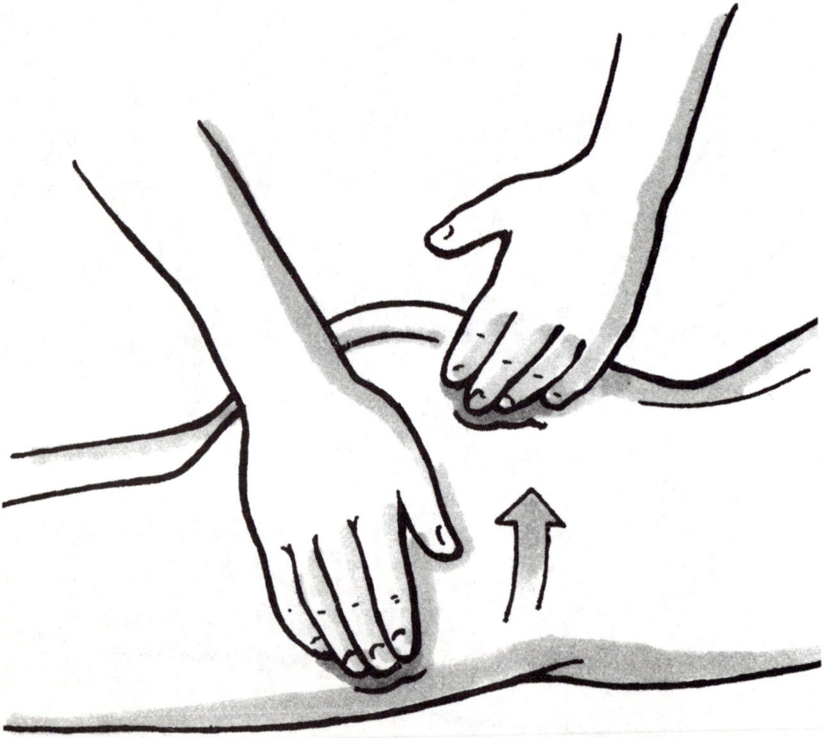

21. Schritt

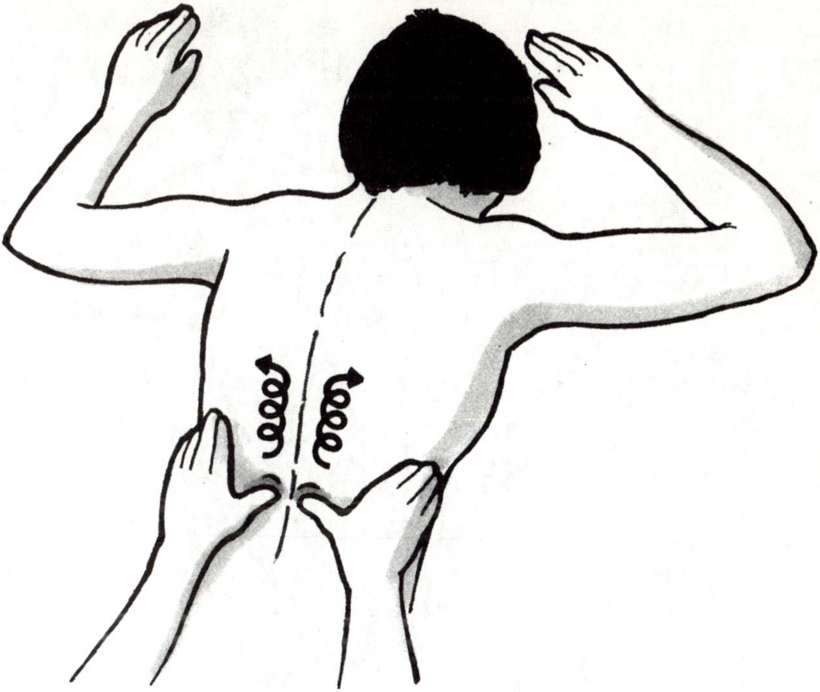

22. Schritt

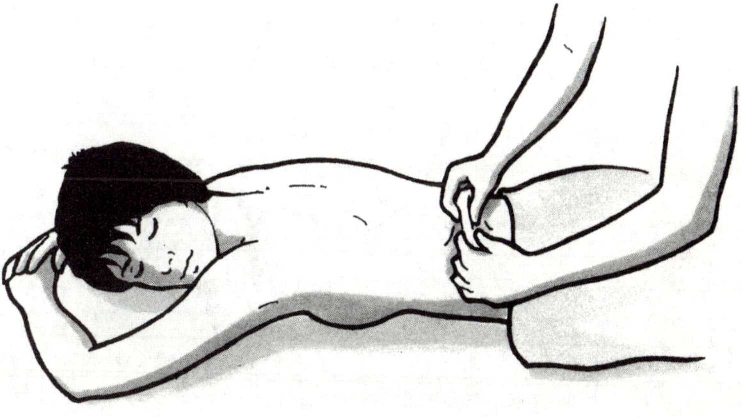

23. Schritt

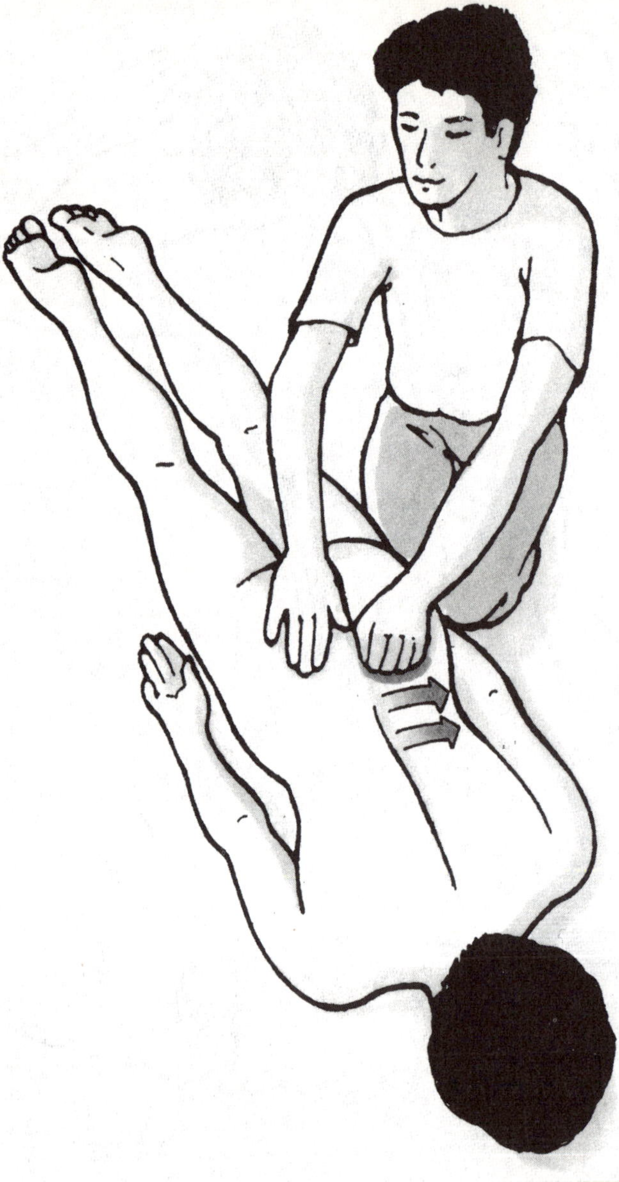

24. Schritt

Kneten Sie diesen Bereich mit dem Daumen spiralförmig von unten nach oben. Zuerst mit leichtem, dann mit stärker werdendem Druck. Bei sehr starken Verspannungen massieren Sie zunächst die eine und dann die andere Seite.

23. Schritt

Sie beginnen knapp über dem Beckenrand und arbeiten sich mit den Fingerspitzen knetend, rollend und walkend neben der Wirbelsäule nach oben bis zum Nacken. Dann gleiten Sie mit beiden Händen an den Körperseiten zurück und beginnen erneut. Arbeiten Sie sich zentimeterweise nach oben und arbeiten Sie auf jeden Fall nur mit den Fingerspitzen.

24. Schritt

Ballen Sie nun eine Hand zur Faust und legen Sie sie auf den oberen Bereich der Pomuskulatur. Die andere Hand wird unterhalb des Kreuzbeins abgestützt. Schieben Sie nun die Faust mit Einsatz Ihres Körpergewichts durch leichtes Neigen

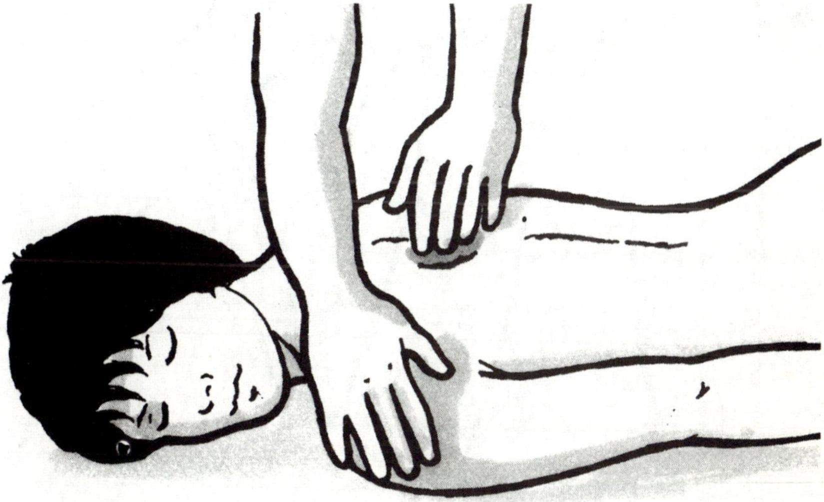

25. Schritt

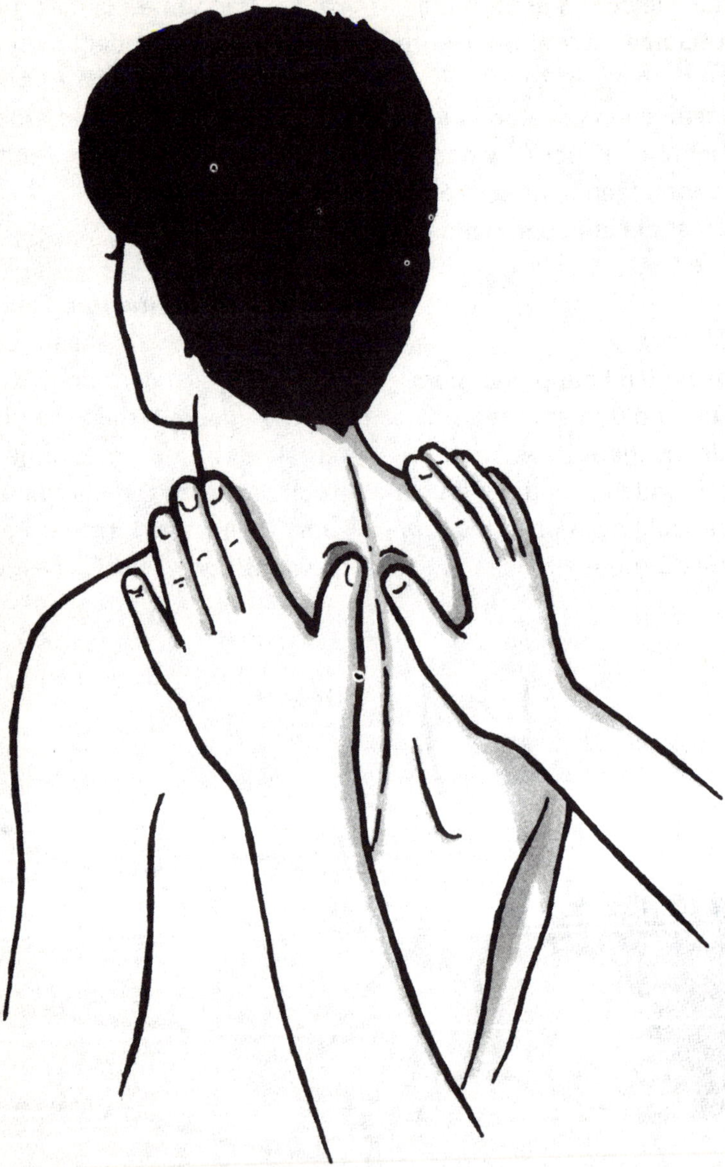

26. Schritt

des Oberkörpers nach vorne in Richtung Hüfte. Massieren Sie so den Po und den unteren Rücken.

25. Schritt
Legen Sie nun eine Hand auf die gegenüberliegende Schulter des Partners und streichen Sie damit schräg nach innen in Richtung Wirbelsäule. Während die eine Hand die letzten Zentimeter der Streichung durchführt, beginnen Sie mit der anderen Hand wenige Zentimeter tiefer mit der gleichen Bewegung. Arbeiten Sie sich so langsam und mit abwechselnden Händen den oberen Rücken hinunter.

Nacken und Schultern

Entspannungshaltung
Der Partner setzt sich nun hin, zum Beispiel auf einen Stuhl. Dann beugt er sich vornüber auf einen Tisch. Der Körper wird durch ein Kissen abgestützt. Diese Haltung sollte bequem sein, sonst hat die Massage wenig Sinn.

26. Schritt
Beginnen Sie die lockernde Massage der Nackenmuskulatur mit der Technik des »Daumenrollens«. Wie der Name schon sagt, wird in diesem Fall nur mit den Daumen massiert, und zwar indem man sie hin und her wendet und sie dadurch auch rollend bewegt. Machen Sie kleine feste Griffe und üben Sie dabei zunächst leichten und dann stärkeren Druck aus. Sie behandeln mit dieser Methode den Bereich zwischen Haaransatz und Schulter.

27. Schritt
Greifen Sie nun mit beiden Händen die Schultern des Partners und kneten Sie die Muskulatur links und rechts der Schultern kräftig durch. Wenn Sie Verhärtungen spüren, bearbeiten Sie mit beiden Händen zunächst nur eine Seite.

28. Schritt
Und noch einen Griff für den Problembereich Nacken: Die Muskelreibung führen Sie am besten mit dem Daumen aus. Beginnen Sie am Haaransatz,

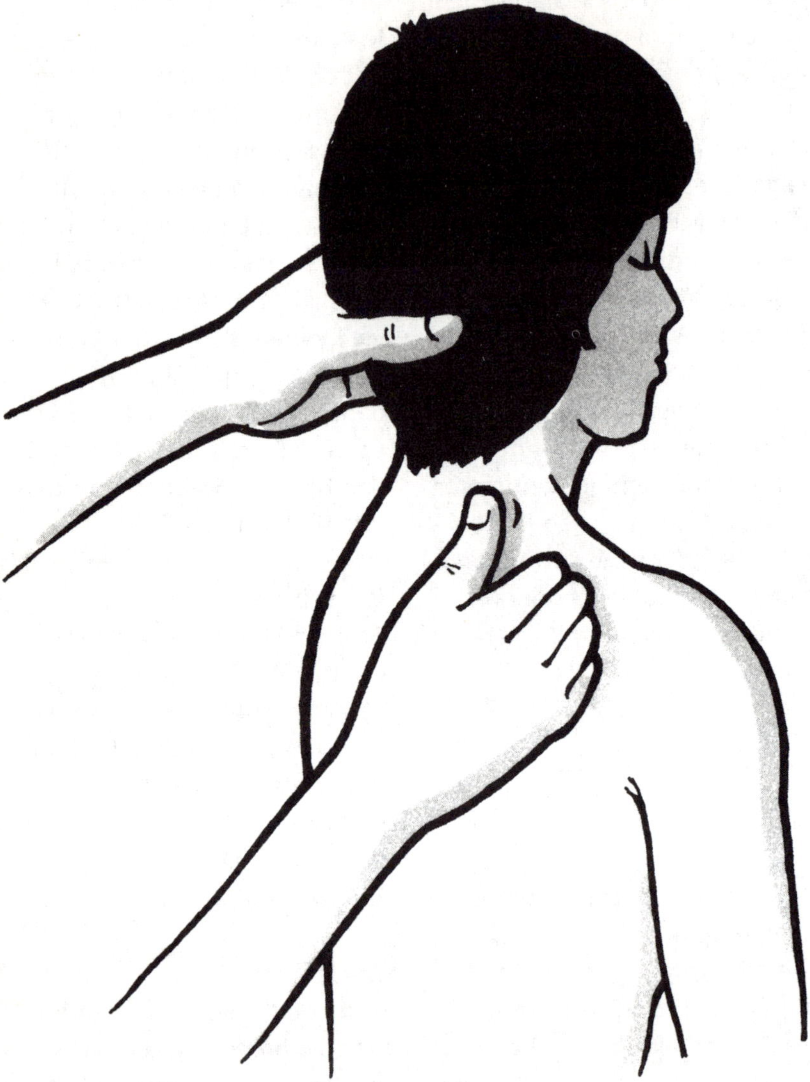

28. Schritt

und massieren Sie spiralförmig zur Schulter hin. Dazu brauchen Sie nur eine Hand, die andere stützt sich am Haaransatz ab. Ihr Druck sollte anfangs leicht sein, dann aber immer kräftiger werden.

29. Schritt

Zum Abschluss jeder Körpermassage streichen Sie das zuletzt behandelte Körperteil kräftig aus. Beispiel Nacken: Streichen Sie mit den Händen die Arme beidseitig hinunter.

Das Wohlfühl-Programm

Entspannung durch Wasser, Düfte und richtige Ernährung

Mal richtig abschalten, Stress abbauen und neue Energie tanken – das braucht jeder Mensch. Dieses Buch hat Ihnen viele Wege zur bewussten Entspannung aufgezeigt. Welchen Sie persönlich wählen, hängt von der jeweiligen Situation und Ihren Möglichkeiten ab. Dennoch ist es mit einer Entspannungstechnik allein nicht getan, denn den Alltag hinter sich zu lassen bedarf es in der Regel mehr als ein paar gymnastischer Übungen.

Entspannung, die von langanhaltender Wirkung sein soll, braucht vor allem Ruhe und Zeit. Sie braucht Rituale und Regeln, Kontinuität und Ausdauer. Wer sich regelmäßig bewusst entspannt, fühlt sich wohler in seiner Haut, ist ausgeglichener und belastbarer. Im folgenden Kapitel geht es nun darum, die durch die Entspannungstechniken erzielten Erfolge möglichst lange anhalten zu lassen. Das Rundum-Wohlfühl-Programm ist somit eine sinnvolle Ergänzung, die sich im Wesentlichen auf drei Punkte stützt: das Wohlfühlen und Entspannen durch Wasser, durch Düfte und durch richtige Ernährung.

Im Wasser fühlen sich viele Menschen rundum entspannt. Durch Wassergymnastik lassen sich Verspannungen lösen, durch Sauna- und Dampfbad-Besuche wird das Immunsystem aktiviert, ein Aromabad relaxt Körper und Seele und Schwimmen bietet totale Entspannung nach einem stressigen Tag.

Düfte und Gerüche beeinflussen unser Wohlbefinden gleichermaßen. Ein Hauch Parfüm, der Geruch frisch gemahlenen Kaffees – alle angenehmen Düfte beeinflussen unsere Stimmung und heben die Laune. Unser Geruchssinn übermittelt in jeder

Sekunde Tausende von Duft-Informationen und unser Körper reagiert darauf – zum Beispiel indem er sich entspannt.
Essen und Trinken hält Leib und Seele zusammen, das behauptet zumindest ein deutsches Sprichwort. In unserer Gesellschaft ist Essen mit Genuss zur Lebensphilosophie geworden – und doch wird vieles dabei immer noch falsch gemacht. Richtige Ernährung jedoch trägt auch viel zur Entspannung und zum Wohlbefinden bei. Ein paar Tips zum entspannteren Genuss runden dieses Kapitel ab. Das Wohlfühl-Programm am Ende dieses Buches soll Ihnen helfen, Entspannung in Ihr tägliches Leben zu integrieren. Sich bewusst die Zeit für sich selbst zu nehmen, Körper und Geist zu pflegen, einfach mal die Seele baumeln zu lassen, ganz entspannt im Hier und Jetzt.

Entspannung rund ums Wasser

Das Rauschen des Meeres, das Plätschern eines Bergbaches bedeutet Entspannung für die Seele. Das wohlige Gefühl einer heißen Badewanne nach einem Winterspaziergang, das erfrischende Prickeln einer eiskalten Dusche nach einem heißen Sommertag lassen sich durch nichts ersetzen. Wasser ist ein Element, das für Körper und Seele Entspannung pur zu bieten hat. Nutzen Sie diese natürlichen Ressourcen und wagen Sie den Sprung ins wohltuende Nass.
Zum Beispiel Baden und Duschen, als Entspannung-auf-Knopfdruck-Ritual. Nichts kann das entspannende Gefühl von Wasser auf der Haut ersetzen. Zum Beispiel das Schwimmen, als Fitmacher für Körper und Geist. In kaum einer anderen Sportart steckt soviel Power und Entspannungspotential. Oder Wasser-Gymnastik, als Relax-Programm für angespannte Muskeln und gestresste Köpfe.

Zum Beispiel Sauna und Dampfbad, als Muntermacher des Immunsystems und Waschanlage für die Seele.

Duschen – der Schauer mit Wohlgefühl

Am Morgen nach dem Aufstehen oder am Abend nach einem heißen Tag im Büro erfrischt und entspannt eine Dusche den ganzen Körper. Das rasch abfließende Wasser spült Schmutz schnell ab und verhindert das Austrocknen der Haut durch zu lange wirkende Reinigungsmittel. Eine Dusche am Tag ist völlig ausreichend, wer öfter unter der Dusche steht, sollte mit Seife und Duschgel sparsam sein. Je nachdem, wie Sie kaltes oder warmes Wasser dosieren, wirkt eine Dusche entspannend oder erfrischend.
Duschen als Muntermacher – der Schauer am Morgen oder am Ende eines stressigen Arbeitstages kann den Kreislauf anregen und beleben. Ein gekonnter Wechsel zwischen lauwarmem und kaltem Wasser weckt die Lebensgeister. Sie beginnen mit lauwarmem Wasser und steigern langsam die Temperatur. Wenn der Körper so richtig aufgeheizt ist, wechseln Sie zu kaltem Wasser. Die warmen Duschphasen sollten doppelt so lang dauern wie die kalten. Der Kneippeffekt regt den Kreislauf an und ist wie beim Saunabaden ein gutes Gefäß- und Bindegewebstraining.
Duschen als Abkühlung – zum Beispiel nach einem Fitnessprogramm oder nach der Gartenarbeit, wenn Sie verschwitzt sind und sich ausgelaugt fühlen. Steigen Sie im erhitzten Zustand nicht gleich unter die Dusche, sondern warten Sie, bis der Kreislauf sich normalisiert hat. Duschen Sie nur lauwarm, das erfrischt mehr als eine kalte Dusche – denn die würde den Kreislauf nur wieder auf Hochtouren bringen.
Duschen als Entspannung – zum Beispiel vor dem Schlafengehen oder nach einem anstrengenden Tag. Lassen Sie langsam wärmer werdendes Wasser über den Nacken laufen. Hier sitzt der zentrale Nervenpunkt, der für die Entspannung sorgt.

Nach der Dusche legen Sie sich noch einige Minuten hin oder ruhen Sie sich im Sitzen aus – dann kann sich die Entspannung voll entfalten.

Baden – mit Wonne in die Wanne

Für viele Menschen ist die eigene Badewanne ein wahrer Hort der Ruhe und Entspannung. Allerdings sollte man nicht zu oft in die Badewanne steigen, denn ein Vollbad entzieht der Haut wertvolle Fette und greift den Säureschutzmantel an. Zweimal in der Woche können Sie sich jedoch den Luxus leisten, ohne der Haut zu schaden.

Baden kann zum richtigen Ritual werden – inszeniert mit Kerzen und Musik, wohltuenden Düften und einer entspannenden Lektüre. Damit das Bad auch richtig entspannend wirkt, sollten Sie Folgendes beachten:

- Nicht zu lange und zu oft: Wie schon gesagt, baden Sie nicht zu häufig und bleiben Sie auch nicht länger als zehn bis 15 Minuten in der Wanne.
- Nicht zu heiß: Eine Temperatur von 37 bis 38 Grad ist ideal. Heißere Bäder belasten den Kreislauf und machen müde. Wärmen Sie auch das Badezimmer an, 22 Grad sollte der Raum haben. Wenn Sie gesundheitlich angeschlagen sind, gewöhnen Sie Ihren Körper langsam an die Hitze. Steigen Sie in die halbvolle Wanne mit lauwarmem Wasser und lassen Sie erst dann heißes Wasser nachlaufen.
- Badezusätze: Gehen Sie mit Schaumbadezusätzen sparsam um, denn die enthaltenden Reinigungssubstanzen lösen nicht nur Körperschmutz, sondern greifen auch den Säureschutzmantel der Haut an. Öl- und Cremebäder sind für Menschen mit trockener Haut besser geeignet, haben allerdings keinen Reinigungseffekt. Am entspannendsten wirken duftende Badezusätze mit Rosen-, Jasmin- oder Orangenblütenextrakten. Lesen Sie dazu mehr im zweiten Teil des Kapitels auf Seite 208 ff.
- Nach dem Baden sollten Sie sich abduschen und eincremen: Spülen Sie mit der Handdusche Seifenreste von der Haut.

Außerdem ist der Entspannungseffekt größer, wenn Sie ein warmes Bad mit einem kalten Guss beenden. Nach dem Abduschen und Abtrocknen pflegen Sie die Haut am besten mit einer Creme oder Lotion.

Schwimmen – die coole Power-Entspannung

Schwimmen ist schön, Schwimmen entspannt und Schwimmen ist gesund. Beinahe schwerelos und ohne sich merklich anzustrengen, bewegt man sich im Wasser dahin. Die Anstrengung, die das Schwimmen erfordert, wird scheinbar mühelos vollbracht und hat doch eine ideale Wirkung, denn das Wasser setzt dem Schwimmer schon einen deutlich spürbaren Widerstand entgegen.
Beim Schwimmen werden so viele Kalorien verbraucht wie sonst nur beim Bodybuilding – und das ist wesentlich anstrengender. Je nach Intensität können bis zu 900 Kalorien pro Stunde umgesetzt werden.
Schwimmen ist einfach ideal, um sich fit zu halten:

- Schwimmen stärkt das Herz und regt den Kreislauf an. Außerdem wird die Atmung positiv beeinflusst.
- Schwimmen fördert den Stoffwechsel, denn bei Temperaturen von etwa 25 Grad muss der Körper den Wärmeverlust ausgleichen.
- Schwimmen bringt das gesamte Immunsystem auf Trab und beugt beispielsweise Erkältungskrankheiten vor.
- Rückenschwimmen ist entspannender als Brustschwimmen. Denn wenn man den Kopf zu sehr aus dem Wasser reckt, verspannen sich die Rückenmuskeln. Wenn Sie lieber brustschwimmen, dann tauchen Sie den Kopf beim Vorwärtsgleiten unter Wasser. Wer nicht untertauchen mag, sollte beim Brustschwimmen auf eine seitliche Lage achten.
- Gönnen Sie sich zwischendurch Ruhepausen, in denen Sie einfach nur auf dem Rücken im Wasser liegen oder gleiten.
- Schwimmen Sie niemals mit vollem Magen. Warten Sie nach dem Essen etwa eine Stunde, bevor Sie ins Wasser gehen.

Das Schwimmen bietet als einzige Sportart die perfekte Kombination aus Training und Entspannung. Es ist also ideal für alle Menschen, die gerne mit etwas mehr Power für bewusste Entspannung sorgen wollen.

Wassergymnastik – der ganz entspannte Wasserspaß

Wussten Sie, dass wir im Wasser nur ein Zehntel unseres eigentlichen Gewichts »wiegen«? Deswegen sind wir im Wasser auch beweglicher als an Land und kommen selbst, wenn wir ein paar Pfunde zuviel haben, nicht aus der Puste. Die Tatsache, dass man im Wasser so gut entspannen kann und dass Bewegung dort keine zu große Anstrengung kostet, macht das nasse Element ideal für eine Bewegungstechnik, die verspannte Muskulatur sanft massiert und geschmeidig macht. Wassergymnastik wird auch als »Aqua-Fitness« oder »Hydro-Power« in Kursen angeboten. Was man dazu braucht, ist ein Schwimmbad mit einer Wassertemperatur zwischen 24 und 32 Grad Celsius. Für einige Übungen braucht man Plastikhanteln, eine Gymnastikstange oder auch Schwimmbretter aus Schaumstoff – es geht aber auch ganz ohne Hilfsmittel.

Übung 1

Zu Beginn machen Sie folgende Aufwärmübung: Planschen Sie mal so richtig im Wasser herum! Laufen Sie mit angezogenen Knien auf der Stelle, springen Sie in die Luft, so hoch es nur geht, recken Sie die Arme in die Luft und lassen Sie sie wieder ins Wasser sausen.

Übung 2

Sie stehen zunächst mit geschlossenen Beinen im brusttiefen Wasser, die Arme liegen entspannt am Körper (Abb. 2a). Jetzt springen Sie mit den Beinen in eine leichte Grätschhaltung und bewegen gleichzeitig die Arme nach oben. Heben Sie sie jedoch nicht über die Wasseroberfläche. Ihre Arme sind dabei weit ausgestreckt und die Finger leicht gespreizt (Abb. 2b). Dann springen Sie in die Aus-

Übung 2a

Übung 2b

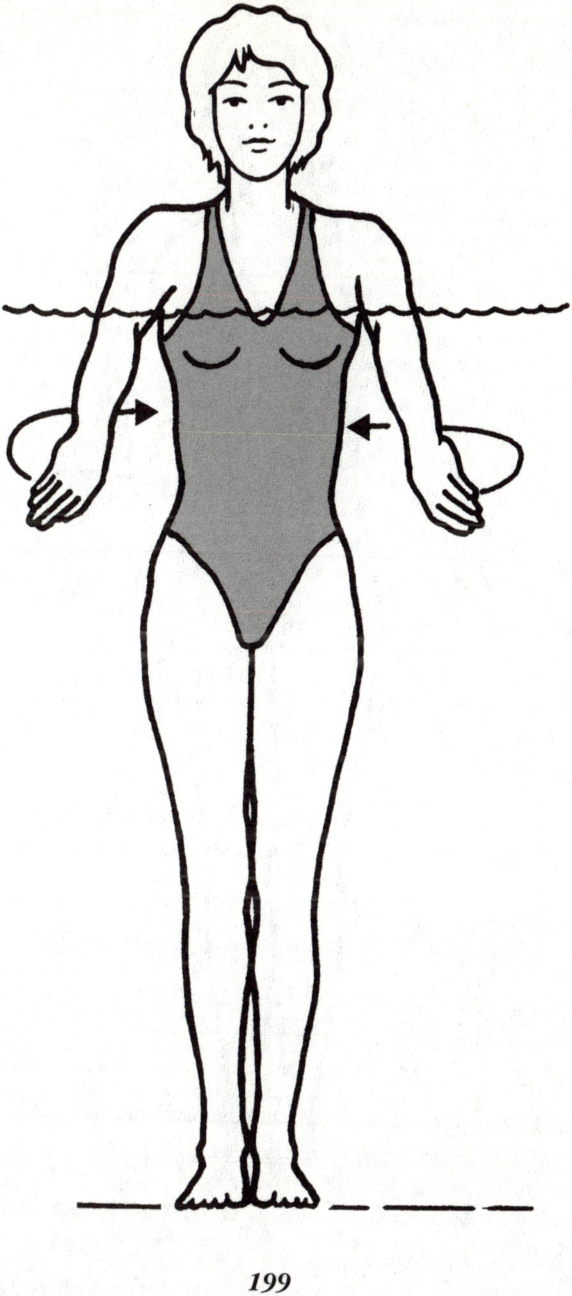

Übung 3a

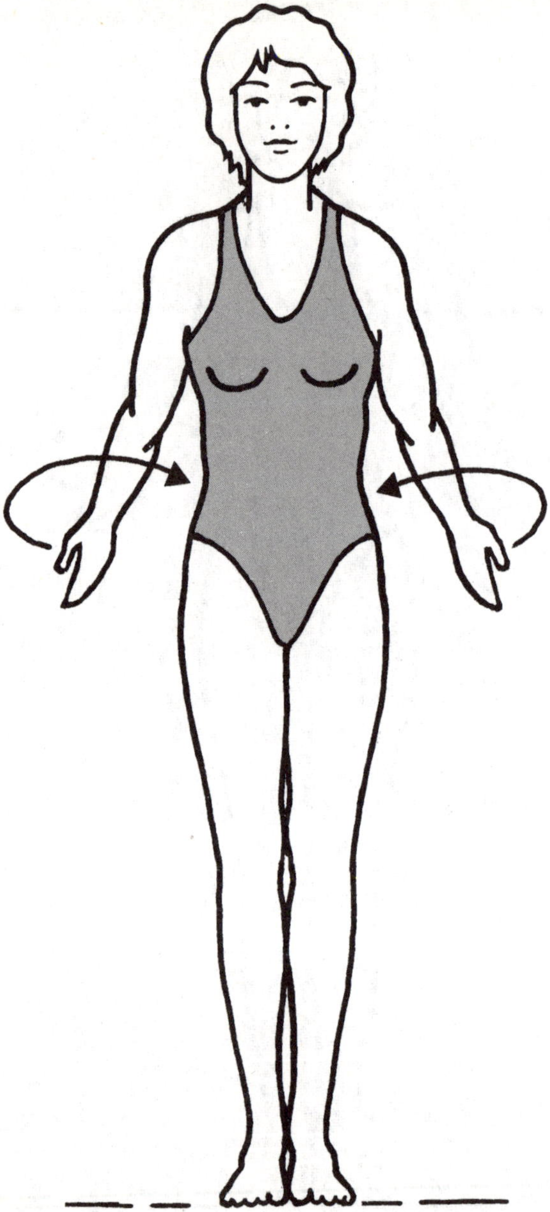

Übung 3b

gangsposition zurück. Den »Hampelmann«-Sprung wiederholen Sie achtmal. Mit dieser Übung lockern Sie den gesamten Bewegungsapparat.
Nach jeder Wassergymnastik-Übung legen Sie eine kurze Verschnaufpause ein. Lassen Sie sich dazu einfach im Wasser treiben.

Übung 3
Auch diese Übung machen Sie aus dem Stand heraus: Sie stehen im schultertiefen Wasser, mit den ausgestreckten Armen und Händen schieben Sie das Wasser seitlich vor und zurück (Abb. 3a). Dabei sollten Sie kräftig Wellen schlagen. Die Hände dienen als Schaufeln, die Handinnenflächen sind – je nach Bewegungsrichtung – gedreht, so dass sie immer das Wasser verdrängen (Abb. 3b). Achtmal wiederholen und dann eine kleine Ruhepause einlegen.

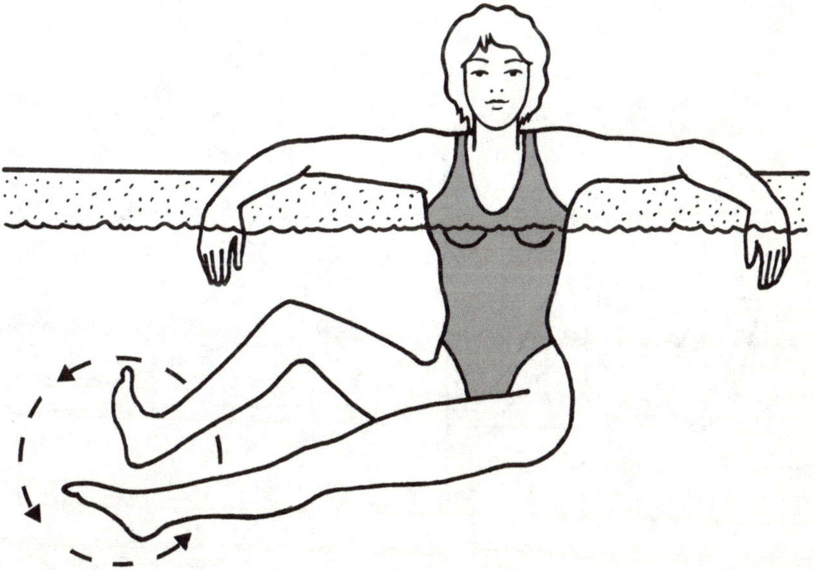

Übung 4

Übung 4

Stellen Sie sich nun mit dem Rücken zum Beckenrand oder zu einer Haltestange am Beckenrand. Legen Sie die Oberarme bis zum Ellenbogen seitlich auf, damit Sie Halt haben. Strecken Sie nun die Beine möglichst waagerecht aus und fahren Sie im Wasser Fahrrad. Beginnen Sie auf der rechten Seite, dann über die Mitte nach links und wieder zurück. Ihr Becken bleibt bei dieser Bewegung leicht gekippt. Die Übung achtmal wiederholen und dann ausruhen.

Übung 5

Jetzt halten Sie sich mit den Händen an der Haltestange fest. Ihre Beine sind geschlossen und angewinkelt gegen die Beckenwand gestemmt (Abb. 5a). Zuerst berühren Sie nur mit den Fußspitzen die Wand, das heißt, Sie sind in Hockstellung. Jetzt drücken Sie

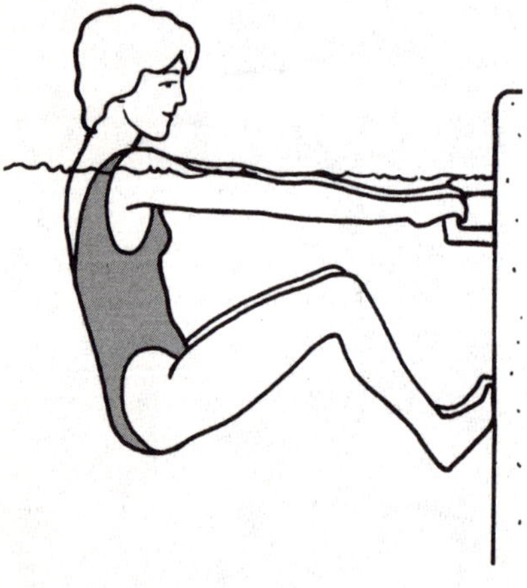

Übung 5a

Übung 5b

die Beine durch. Die Füße sind nunmehr flach gegen die Beckenwand gedrückt, der Po schiebt sich nach hinten (Abb. 5b). Zurück zur Ausgangsposition und achtmal wiederholen. Gönnen Sie sich anschließend eine Ruhepause.

Übung 6

Für diese Übung brauchen Sie ein Schwimmbrett. Halten Sie sich mit dem Rücken zur Wand mit den Armen an der Haltestange fest und heben Sie die Beine bis zur Wasserlinie. Klemmen Sie sich ein Schaumstoffbrett zwischen die Knie (Abb. 6a). Nun drücken Sie die

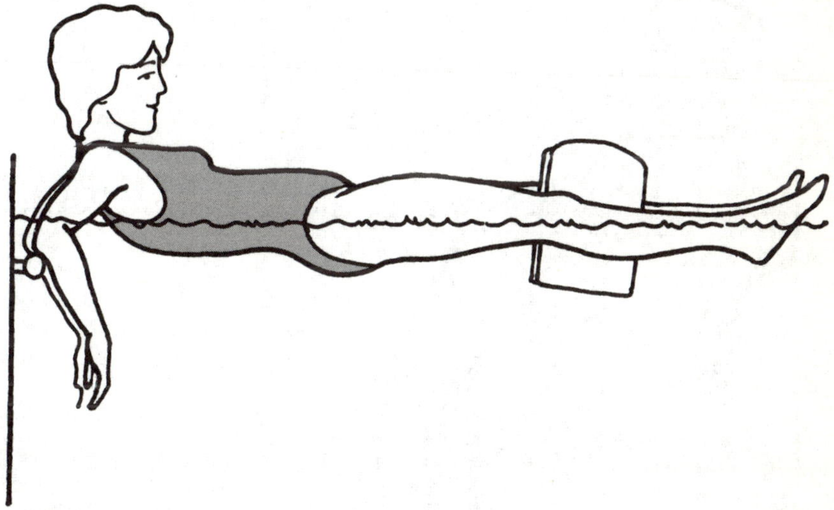

Übung 6a

Beine gegen den Auftrieb unter Wasser. Die Fußspitzen sollten so weit wie möglich nach unten kommen (Abb. 6b). Jetzt geben Sie dem Auftrieb nach und lassen die Beine zur Wasseroberfläche treiben. Diese Übung ist anstrengend, wiederholen Sie sie anfangs nur zwei- bis dreimal. Dann ruhen Sie sich aus.

Übung 7

Für diese Übung brauchen Sie zwei Kunststoffhanteln. Sie stehen dazu mit leicht gegrätschten Beinen, die Arme sind ausgestreckt. Schwingen Sie jetzt mit beiden Armen gleichzeitig von rechts nach links und zurück. Verlagern Sie Ihr Körpergewicht mit der Bewegung.

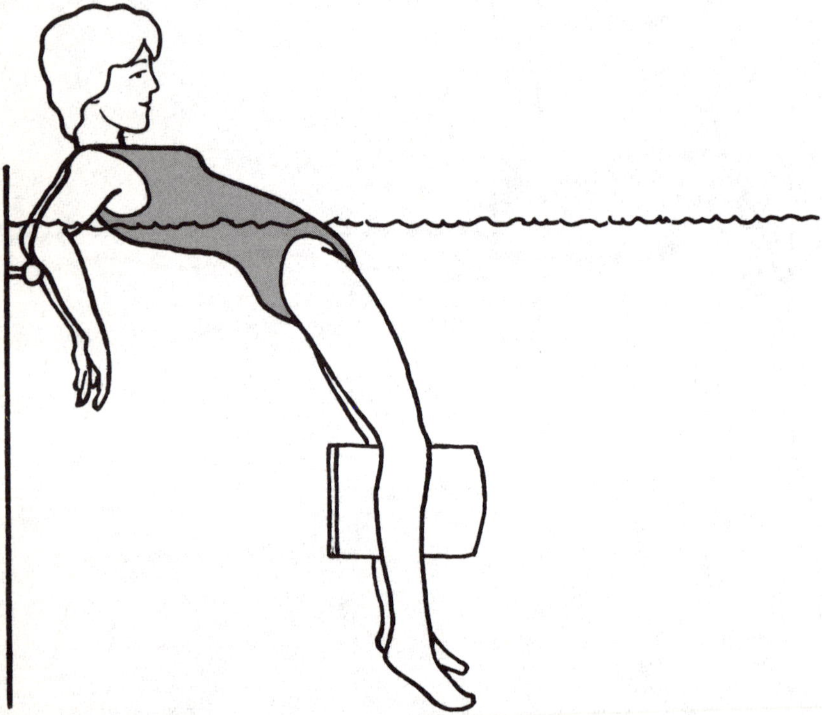

Übung 6b

Gehen Sie mit den Hanteln nicht zu weit aus dem Wasser heraus, sonst verlieren Sie das Gleichgewicht. Die Schultern werden durch die Bewegung nach unten gezogen. Achtmal wiederholen und ausruhen.

Übung 8

Zum Schluss noch eine reine Entspannungsübung: Sie halten sich wieder am Beckenrand (Haltestange) fest und ziehen dabei die Knie ganz hoch, so dass Ihre Füße fast oben am Beckenrand stehen. Nun winkeln Sie die Arme an und strecken sie anschließend wieder aus. Einige Male wiederholen. Zum Schluss ziehen Sie sich noch einmal ganz nahe an den Beckenrand heran, machen sich so klein wie möglich, um sich zum Abschluss mit einem Schwung nach hinten wegzustoßen. Lassen Sie sich so im Wasser treiben.

Sauna – schwitzen gegen Anspannung

So richtig entspannen, den Körper entgiften und die Haut straffen, dafür ist ein Saunabesuch ideal. Die Hitze (bis 90 Grad) kurbelt den Kreislauf an, sorgt für gute Durchblutung, regt die Funktion der Nieren an und sorgt so für eine Entgiftung des Körpers. Kein Wunder also, wenn sich viele Menschen nach einem Saunabesuch »so richtig sauber« fühlen. Durch die kurzzeitige Überhitzung des Körpers werden auch das Immunsystem gestärkt und die Abwehrkräfte aktiviert. Durch den Kalt-Warm-Effekt wird die Haut noch dazu straff und rosig.
Saunagänge sind in den nördlichen Ländern ein richtiges Ritual. So macht man es richtig:

Erster Schritt

Gehen Sie nicht mit kalten Füßen in die Sauna, nur wenn der ganze Körper die gleiche Temperatur hat, kommen Sie so richtig ins Schwitzen. Nehmen Sie vorher ein warmes Fußbad.

Zweiter Schritt

Bevor Sie in den Schwitzraum gehen, auf alle Fälle abduschen und anschließend wieder gut abtrocknen. Nur mit trockener Haut kommt man ins Schwitzen – und das muss der Körper tun, um nicht zu überhitzen.

Dritter Schritt

Grundsätzlich sollten Sie immer nur so lange in der Sauna bleiben, wie Sie sich wohl fühlen. Manche halten es nur fünf Minuten aus, andere schaffen 15 Minuten. Entwickeln Sie keinen falschen Ehrgeiz.

Vierter Schritt

Ob Sie lieber im Sitzen oder im Liegen schwitzen, bleibt Ihnen überlassen. Für Anfänger eignet sich am besten die mittlere Bank. Wenn Sie sich hinlegen, sollten Sie vor dem Verlassen der Sauna noch einige Minuten in sitzender Haltung bleiben, sonst spielt vielleicht der Kreislauf verrückt.

Fünfter Schritt

Jetzt müssen Sie sich abkühlen. Sie haben zumeist die Wahl zwischen einem Tauchbecken und der Dusche. Nur hartgesottene Naturen wagen den Sprung ins eiskalte Becken, schonender ist die Abkühlung mit der Dusche. Beginnen Sie mit der kalten Dusche immer an den Füßen und gehen Sie dann langsam die Beine hinauf. Der Grund dafür liegt darin, dass bei der Hitze das Blut in die Beine sinkt. Kühlen Sie diese zuerst, verengen sich die Blutgefäße und das Blut wird wieder nach oben gedrückt.

Sechster Schritt

Nach dem Abkühlen kommt das Ausruhen. Die Entspannungsphase sollte mindestens so lange dauern wie der Saunabesuch zuvor.

Siebter Schritt

Machen Sie drei Saunagänge hintereinander. Nach dem letzten sollten Sie noch eine Ruhepause von circa 30 Minuten einlegen.

Dampfbad – das dampfende Entspannungsritual

In orientalischen Ländern geht man ins Dampfbad (hammam), um sich mal so richtig zu entspannen und verwöhnen zu lassen. Es hat eine jahrtausendelange Tradition und ist ganz und gar auf Ruhe ausgerichtet. Nach dem Besuch im Dampfraum ruht man dort in weiße Tücher gehüllt bei sanfter Musik und einer Tasse Tee. Hierzulande geht es nicht so genussvoll zu und dennoch ist für viele Menschen ein Dampfbad eine schöne Alternative zum Saunabesuch.

Beide Arten der Schwitzkuren ähneln einander: Die Temperatur liegt im Dampfbad bei etwa 45 Grad, man gerät also nicht so sehr ins Schwitzen. Trotzdem ist man blitzschnell klatschnass, denn die Luftfeuchtigkeit liegt bei 95 Prozent.

Die Regeln für einen Dampfbadbesuch sind ähnlich wie bei der Sauna. Deshalb nur einige allgemeine Hinweise:

- Für einen Dampfbadbesuch brauchen Sie viel Zeit.
- Bevor Sie in den Dampfraum gehen, duschen Sie sich gründlich ab.
- Man bleibt im Dampfbad länger als in der Sauna, nämlich durchschnittlich 20 Minuten. Wenn die feuchte Wärme Ihnen jedoch nicht so gut bekommt, gehen Sie ruhig früher hinaus.
- Unterstützen Sie den Dampfbadeffekt durch eine sanfte Massage mit einem Massagehandschuh.
- Beim Dampfbad sind auch die Ruhepausen zwischen den Gängen etwas länger als bei der Sauna.
- Man geht in der Regel dreimal in den Schwitzraum.
- In westlichen Dampfbädern ist dem Schwitzraum oft ein Vorwärmraum vorgeschaltet. Das muss nicht sein, aber viele empfinden das Anwärmen als angenehm.
- Denken Sie daran: Für den Dampfbadbesuch brauchen Sie wesentlich mehr Handtücher als für einen Saunabesuch.

Dampfbäder kann man natürlich auch zu Hause machen, allerdings nicht für den ganzen

Körper. Dabei ist der Einsatz von Düften besonders wichtig und hilfreich. Lesen Sie dazu mehr auf den folgenden Seiten.

Entspannung durch Düfte

Lehnen Sie sich entspannt zurück und denken Sie an den erfrischenden Duft einer frisch gemähten Wiese. Schließen Sie die Augen und genießen Sie den Geruch von frisch gemahlenem Kaffee. Schon beim bloßen Gedanken an wohlige Gerüche entspannt die Seele und der Körper schaltet auf Genuss.
Unser Geruchssinn ist der am meisten unterschätzte der fünf Sinne. Die Fähigkeit des Riechens spielt für uns Menschen, im Vergleich zu Sehen, Hören, Schmecken und Fühlen eine eher untergeordnete, weil unterdrückte Rolle. Der Geruchssinn gilt allgemein als »niederer« Sinn. Das Riechen hat jedoch einen oft unbewussten, aber dennoch starken Einfluss auf unsere Stimmungen und Erinnerungen. Jeder Mensch hat schon einmal erlebt, wie ein bestimmter Geruch in ihm einen ganzen Film von Erinnerungen auslöste. So erinnert Sie vielleicht der Geruch von frisch gebackenem Apfelkuchen an Ihre Großmutter. Gleichsam mit dem Geruch verbindet sich eine positive Einstellung, der Körper entspannt, während der Geist in Erinnerungen schwelgt.
In jüngster Zeit wurde die Bedeutung des Geruchssinns wiederentdeckt. Die Heilkraft der Düfte hat durch die Aromatherapie an Bedeutung gewonnen, entspannende Düfte sind salonfähig geworden. Aromalampen, Duftkerzen und Blüten-Potpourris verströmen in vielen Zimmern wohlige Gerüche. Aromatisierende Badezusätze und Dampfbäder mit ätherischen Ölen gehören inzwischen ebenfalls zum Entspannungsprogramm. Obwohl sich mit Düften allein sicher nicht jede Anspannung einfach »wegriechen« lässt, so können sie doch die Wirkung der in diesem Buch beschriebenen Entspannungstechniken unterstützen.

Duftende Badezusätze – Entspannung auf die heiße Art

In Japan, dem Land der vielen warmen Quellen, ist Baden traditionell nicht nur notwendige Reinigung, sondern immer auch eine Zeremonie. Wird das Badewasser mit aromatischen Ölen angereichert, wirkt es zugleich mehrfach: das warme Wasser entspannt und fördert die Durchblutung, die Duftöle dringen besonders gut in die Haut ein oder können inhaliert werden. Wer erkältet ist, badet am besten in Thymianöl. Um für den Abend wieder fit zu werden, sind Rosmarin-, Latschenkiefer- und Zitronenöl besonders geeignet. Gut schlafen kann man nach einem Bad mit Melissen- oder Baldrianöl. Ein Entspannungsbad mit Lavendel- oder Rosenöl ist eine wahre Wohltat.

Und so bereiten Sie ein Duftbad vor: Die ideale Badewassertemperatur liegt bei 36 Grad. Tröpfeln Sie in ein Vollbad etwa zehn Tropfen des ätherischen Öls – nicht mehr, denn sonst wird die Haut gereizt und der Kreislauf belastet. Bleiben Sie etwa zehn bis 15 Minuten in der Wanne.

Düfte für ein Gesichtsdampfbad – Genuss in vollen Zügen

Wer sich die Düfte durch ein Gesichtsdampfbad zu Gemüte führt, erlebt die wohl intensivste Wirkung. Die Wirkung der einzelnen Gerüche ist die gleiche wie bei einem aromatisierten Badezusatz, nur nimmt man sie wesentlich direkter auf. Deshalb sollten Sie, um Hautreizungen vorzubeugen, nur wenige Tropfen (zwei bis drei) in einen Topf mit dampfend heißem Wasser geben. Beugen Sie dann den Kopf darüber und decken Sie den Hinterkopf mit einem Handtuch ab. Wie lange Sie ein Gesichtsdampfbad machen sollten, hängt von der Beschaffenheit Ihrer Haut ab. Bei normaler Haut können es fünf Minuten sein, bei trockener Haut nicht länger als zwei bis drei Minuten, bei fettiger Haut sind maximal zehn Minuten erlaubt.

Gesichtsdampfbad

Düfte auf der Haut – Entspannung zum Schnuppern

Das Einreiben mit ätherischen Ölen hat ebenfalls eine intensive Wirkung auf die Stimmung. In Reformhäusern, Esoterikläden und eigens damit ausgestatteten Aromageschäften gibt es eine riesige Auswahl ätherischer Öle unterschiedlichster Duftvariationen. Die konzentrierten Duftstoffe können aus rund 1 700 verschiedenen Pflanzen gewonnen werden, die Wirkung jedes einzelnen kennt nur ein Experte. Und das muss man darüber wissen:

- Aromatische Essenzen sollten besser nicht in konzentrierter Form auf die Haut aufgetragen werden. Man kann sie zum Teil als Cremes kaufen, andernfalls mischt man sie selbst etwa mit reinem, kaltgepresstem Olivenöl oder einer anderen, nicht duftenden Hautcreme.
- Die Duftöl-Cremes oder Öl-Mischungen werden an verschiedenen Körperstellen aufgetragen. Zum Beispiel an den Schläfen und am Haaransatz, an den Armbeugen und auf den Fußsohlen, in den Kniekehlen und auf den Handinnenflächen.
- Nur einige Beispiele der Wirkungspalette: Basilikum hebt die Stimmung und erhöht die Konzentration. Majoran beruhigt und hilft bei Schlaflosigkeit, Orangenduft belebt und erfrischt, Pinie unterstützt die Atmung, Sandelholz fördert die Entspannung und Salbei macht gar euphorisch.

Düfte im Raum – Entspannte Stimmung mit Genuss

Aromalämpchen, Duftkerzen und mit ätherischen Ölen betropfte Potpourris verbreiten zumeist einen eher dezenten Duft im Raum. Die Wirkung ist natürlich bei weitem nicht so intensiv, dafür sorgt das hübsche Stück aber zusätzlich für eine entspannte Stimmung. Will man einen ganzen Raum beduften, geht das am besten mit einer Aromalampe. Duftlampen sind meist aus Ton und erhitzen aromatisiertes Wasser mit einem Teelicht oder einer Glühlampe. In der Regel reicht

Duftlampe

ein Tropfen Öl aus, nimmt man zu viel oder beduftet man zu lange, kann das unter Umständen zu Kopfschmerzen führen. Die Essenzen vertragen keine Sonne und Wärme, sie sollten stets verschlossen in dunklen Fläschchen an einem kühlen Ort aufbewahrt werden.
Tipp: Wer keine Aromalampe hat, kann das duftende Wasser auch in ein Schälchen geben und auf den Heizkörper stellen oder im Raum versprühen.

Duft als Therapie – mit Gerüchen heilen

Die Heilkraft von Kräutern und Essenzen hat eine jahrtausendelange Tradition. Man muss allerdings schon ein wahrer Kräutergelehrter sein, um alle Pflanzenwirkungen richtig einzuschätzen. Ganz dem guten Duft verschrieben hat sich die Aromatherapie. Mit ihrer Hilfe können viele Krankheiten gelindert oder sogar geheilt werden. Berühmteste Vertreterin dieser Heilmedizin war die Äbtissin Hildegard von Bingen (1098 bis 1179).
Beschäftigt man sich näher mit ihrer Naturapotheke, so kommt man zu ganz erstaunlichen Erkenntnissen. Ihr Wissen geriet durch den Erfolgszug der Chemie und Pharmazie in den Hintergrund, wurde aber jetzt wieder neu entdeckt. Im Rahmen der ganzheitlichen Medizin wird sie angewandt, um Körper, Geist und Seele zu beeinflussen. Dass Düfte auch heilen können, daran besteht kein Zweifel. Wer sich allerdings näher damit beschäftigen möchte, sollte sich ausführliche Informationen besorgen beziehungsweise einen Experten zu Rate ziehen. Für eine laienhafte Therapie ist diese Heilkunst nicht geeignet.

Entspannung durch richtige Ernährung

Wir leben in einer Wohlstandsgesellschaft. Wir genießen raffinierte Menüs und genehmigen uns ein Stückchen Sahnetorte, wenn wir Lust darauf haben. Wir essen nicht nur, weil wir Hunger haben, sondern auch

weil es uns schmeckt. Alle Köstlichkeiten der kulinarischen Welt stehen zur Verfügung – wir brauchen nur zuzugreifen. Aber hat die Nahrungsvielfalt uns auch ernährungsbewusster gemacht? Der Trend hin zu mehr Bio-Kost und die steigenden Umsätze der Reformhäuser scheinen dafür zu sprechen. Gleichzeitig machen amerikanische Schnellimbiss-Ketten Milliardenumsätze – und das gewiss nicht nur mit »kleinen« Kunden. Wie passt das zusammen? Noch hinzu kommt die wachsende Verunsicherung in Zeiten, in denen ein Lebensmittelskandal den nächsten jagt. Wo Rinderwahnsinn, Salmonellen, Hormonspritzen für Kälber und genmanipuliertes Gemüse die Gemüter bewegen und uns darüber hinaus gründlich den Appetit verderben. Von entspanntem Essen und Trinken kann für einige schon lange nicht mehr die Rede sein.
Ein anderes Problem ist, dass wir während des normalen Alltags zu wenig Zeit zum Essen haben – oder uns zuwenig Zeit dafür nehmen. Fertignahrung und Pommes frites oder Currywurst auf die Hand müssen reichen, um den knurrenden Magen zu besänftigen. Dafür schlemmen wir dann am Wochenende oder an langen Abenden. Dass wir uns anschließend ziemlich voll fühlen und auch merklich schlechter schlafen, nehmen wir dabei in Kauf. Zur Not gibt es ja noch ein Schnäpschen, das im Magen für mehr Behagen sorgen soll.
Ab und an trifft uns alle das schlechte Gewissen und wir schalten um auf »gesunde Ernährung«, machen eine Kurz-Diät oder legen einen Fastentag ein. Darüber hinaus beruhigen wir unser Gewissen mit Vitaminen aus der Apotheke.
Dabei enthält eine wirklich ausgewogene Mischkost alles, was der Körper braucht um entspannt und fit zu bleiben. Aber wer will das schon hören? Wir wissen es alle – und machen doch alles falsch.

Was der Körper wirklich braucht

Eine ausgewogene Ernährung sollte aus folgenden Bausteinen bestehen:

Eiweiß

Eiweiß oder Protein ist ein wichtiger Baustein unseres Körpers. Es hilft beim Aufbau der Organe und ist ein wesentlicher Bestandteil von Enzymen und Hormonen. Gehirn, Drüsen und Nerven werden mit seiner Hilfe gesteuert. Protein findet man in jeder Körperzelle, jedoch in unterschiedlicher Zusammensetzung und Struktur. Proteine setzen sich aus bis zu 20 verschiedenen Aminosäuren zusammen, die je nach Funktion des Eiweißes kombiniert sind. Man unterscheidet bei Nahrungsmitteln tierisches und pflanzliches Eiweiß – der Körper braucht beides, am besten in einem Verhältnis eins zu drei. Tierisches Eiweiß ist in Fleisch und Wurst, aber auch in Milchprodukten und Eiern enthalten. Pflanzliches Eiweiß kommt vor allem in Kartoffeln, Getreide, Hülsenfrüchten und Nüssen vor. Diese haben den Vorteil, dass sie gleichzeitig auch Ballaststoffe, Vitamine und Mineralstoffe enthalten.

Die richtige Dosis: Eine Faustregel besagt, das 0,8 Gramm je Kilogramm Körpergewicht genügen. Bei normaler Konstitution liegt somit die Tagesration eines Erwachsenen bei beispielsweise 200 Gramm Fleisch und 400 Gramm Quark. Und dabei sind die pflanzlichen Eiweiße noch nicht einmal mitgerechnet.

Die Probleme: Tierisches Eiweiß enthält zu viel Fett. Wer zu viel Eiweiß aufnimmt, ist schlapp und müde, kann sich schlecht konzentrieren und ist nicht so leistungsfähig.

Kohlenhydrate

Sie sind wichtige Energiespender und kommen in unseren Lebensmitteln im Wesentlichen in drei Formen vor: als einfach aufgebauter Zucker, als verdauliche Stärke und als unverdauliche Ballaststoffe. Stärke und Ballaststoffe gehören zu den komplexen Kohlenhydraten.

Ebenso wie der Zucker können ihre Bausteine von der Leber und in den Muskeln gespeichert und bei Bedarf abgerufen werden. Komplexe Kohlenhydrate nehmen wir vor allem durch Gemüse, Obst, Getreide, Kartoffeln und Hülsenfrüchte auf. Zucker hingegen gehört zu der Gruppe der isolierten Kohlenhydrate. Sie enthalten keine Vitamine oder Mineralstoffe, können schnell verdaut werden und gehen sofort ins Blut.
Die richtige Dosis: 100 Gramm Kohlenhydrate gelten als tägliches Minimum, für einen Erwachsenen 300 Gramm sind die Idealdosis. Bei Stress holt sich der Körper die notwendigen Kohlenhydrate aus der Leber und den Muskeln. Sind die Vorräte dort erschöpft, greift er auf das Fettgewebe zurück.
Das Problem: Kohlenhydrate aus Zucker oder aus hellem Mehl braucht der Körper eigentlich nicht, aber gerade diese sind so verführerisch. Zehn Gramm täglich würden genügen – aber wer mag beim Anblick eines Tortenstücks schon daran denken. Diese Kohlenhydrate, die nicht gespeichert werden können, wandelt der Körper, wenn er sie nicht sofort verbraucht, in Fett um.

Fett

Es ist ein wichtiger Energiespender, denn es enthält unter anderem lebensnotwendige Vitamine (wie A, D und E), die nur in Verbindung mit Fett aufgenommen werden können. Ebenso wichtig sind die im pflanzlichen Fett enthaltenen ungesättigten Fettsäuren, wie sie beispielsweise in kalt gepressten Pflanzenölen vorkommen. Im Gegensatz dazu gibt es noch die gesättigten Fettsäuren, die meist in tierischen Fetten vorkommen und Cholesterin enthalten.
Die richtige Dosis: 80 Gramm pro Tag genügen, aber die meisten Menschen nehmen täglich mehr davon auf, da Fette auch häufig in den Lebensmitteln »versteckt« enthalten sind und die Aufnahme somit außer Kontrolle gerät. Die ideale Mischung wäre: etwa 30 Gramm in Form von Streichfetten wie Butter und Margarine, etwa

25 Gramm als Koch- und Bratfett (vor allem Distel-, Sonnenblumen- und Sojaöl enthalten ungesättigte Fettsäuren) und etwa 25 Gramm verstecktes Fett – aus Wurst, Fleisch, Käse und anderen Milchprodukten.
Das Problem: Die Kontrolle über die Fettaufnahme ist schwierig und besonders verführerisch sind die cholesterinhaltigen Lebensmittel wie Eier, Butter, fette Wurst und fettes Fleisch. Sie belasten den Organismus und vor allem das Herz.

Ballaststoffe

Sie bestehen zumeist aus unverdaulichen Substanzen, Pektin und Zellulose (aus Fasern, Schalen und Pflanzenteilen), die die Darmtätigkeit anregen. Die ist wichtig, um Schadstoffe möglichst schnell aus dem Körper zu transportieren.
Die richtige Dosis: 30 bis 40 Gramm am Tag sind das Minimum. Eine ballaststoffreiche Ernährung sorgt über die »abführende« Wirkung hinaus für eine natürliche Sättigung, was der Figur zugute kommt. Ballaststoffe sind im Getreide, in Vollkornprodukten, Gemüse und Obst enthalten.
Das Problem: Sie gelten als nicht besonders schmackhaft und wer sich mit vielen Ballaststoffen in Form von Müsli ernährt, gilt schnell als »Körnerfresser«.

Vitamine

Sie sind das gewisse »Etwas«, das den Organismus in Schwung bringt. Sie sorgen dafür, dass der Stoffwechsel optimal funktioniert. Eine abwechslungsreiche Ernährung sorgt dafür, dass man alle Vitamine zu sich nimmt. Allerdings sind viele Vitamine hitze- und lichtempfindlich, deshalb ist auf eine schonende Zubereitung zu achten.
Die richtige Dosis: Die gute Nachricht ist, dass man nicht zu viel Vitamine zu sich nehmen kann. Besonders gesund sind Vitamine, die man in Form von Rohkost zu sich nimmt.
Das Problem: Vitamine, die man in Tablettenform zu sich nimmt, können auch schaden, nicht nur nützen. Darüber sollten Sie unbedingt mit einem Apotheker oder Arzt reden.

Mineralstoffe

Sie sind ebenso wichtig wie die Vitamine, weil sie für die reibungslose Funktion des Körpers sorgen. Am häufigsten nehmen wir das Mineral Natrium auf, das zum Beispiel im Kochsalz enthalten ist.

Die richtige Dosis: Mit fünf Gramm Salz pro Tag wäre unser Körper vollends zufrieden, aber damit kommt kaum jemand hin. Natrium ist für den Wasserhaushalt in unserem Körper verantwortlich. Was fast niemand bedenkt, Natrium ist auch in vielen Getränken, vor allem in Mineralwässern enthalten.

Das Problem: Salz kann bei anfälligen Menschen den Blutdruck steigern. Und wenn man schon Salz benutzt, dann am besten als jodiertes Speisesalz. Dadurch wird gleichzeitig der Jodbedarf gedeckt.

Erwähnenswert sind auch noch Eisen und Magnesium, da sie im Körper wichtige Funktionen übernehmen. Eisen ist an der Blutbildung beteiligt und deshalb vor allem für Frauen sehr wichtig. Die tägliche Dosis liegt bei zwölf Milligramm für Männer und 18 Milligramm für Frauen. Es ist vor allem in Rindfleisch und dunklen Fleischsorten enthalten.

Magnesium ist das eigentliche »Anti-Stress-Mineral«. Es ist unter anderem für die Muskeltätigkeit verantwortlich. Und da auch das Herz ein Muskel ist, kann eine ausreichende Magnesiumzufuhr lebensnotwendig sein. Es ist vor allem in Vollkornprodukten, Milch, Fleisch, Fisch, Kartoffeln und Gemüse enthalten. Weitere Mineralstoffe sind zum Beispiel Kalzium, Kalium, Phosphor.

Trinken – Was und wiviel?

Um gut zu funktionieren braucht der Körper Flüssigkeit. Trinken ist deshalb sehr wichtig; die meisten von uns trinken jedoch zuwenig. Ein Erwachsener braucht circa zwei bis drei Liter Flüssigkeit am Tag. Gut einen Liter davon nehmen wir ohnehin über die Nahrung auf, der Rest muss zusätzlich getrunken werden. Am besten sind Mineralwässer und Kräutertees, da der Durst dabei ohne zusätzliche Kalorien gelöscht wird. Aber die meisten Menschen verstehen unter trinken etwas ganz anderes:

- Kaffee und schwarzer Tee sind beliebte Muntermacher am Morgen. Sie enthalten Koffein beziehungsweise Teein, die den Kreislauf ankurbeln.
Nachteil: Wer zuviel davon trinkt (mehr als fünf Tassen pro Tag) kann nervös werden, die Mineralstoffaufnahme wird behindert und der Blutdruck steigt.
- Kakao macht ebenfalls munter, enthält aber durch die beigefügte Milch auch zusätzliche Mineralstoffe.
- Fruchtsäfte sind gesund, vor allem dann, wenn sie frisch gepresst sind oder per Etikett einen Fruchtanteil von 100 Prozent nachweisen. Hinter der Bezeichnung »Nektar« verbirgt sich ein Fruchtanteil von 25 bis 50 Prozent, bei »Fruchtsaftgetränken« kann man nur mit zehn bis 30 Prozent Fruchtinhalt rechnen. Achten Sie darauf, dass der Fruchtsaft keinen Zucker enthält, das sind nur unnötige Kalorien.
- Gemüsesäfte sind da schon besser, weil sie weniger Kalorien enthalten und zusätzlich Eiweiß und Mineralstoffe liefern.
Nachteil: Vielen dieser Säfte wird Salz zugesetzt.
- Cola- und Limonadengetränke enthalten viel Zucker und sind dadurch Kalorienbomben. Darüber hinaus sind Colagetränke coffeinhaltig. Wer auf seine Linie und Gesundheit achten will, sollte bei den Frucht- oder Gemüsesäften bleiben.
- Alkohol ist, nur in Maßen genossen, ohne gesundheitliche Konsequenzen. Ein Bier regt die Nierentätigkeit an und fördert die Verdauung. Ebenso kann auch ein Glas Wein nicht schaden, Rotwein senkt sogar den Cholesterinspiegel. Alkohol entspannt natürlich auch, aber diese Art der Entspannung ist eine Illusion, da sie mit körperlicher und geistiger Entspannung nur sehr wenig zu tun hat.
Nachteil: Auf das richtige Maß kommt es bei alkoholischen Getränken besonders an und da verliert man mit zunehmendem Alkoholgenuss leider schnell den Überblick.

Gesundes Essen – Die richtige Dosis macht's

Jede Menge Theorie, die Praxis ist doch ganz anders. Sicher, wer ein Buch über Entspannungstechniken erworben hat, möchte sich vielleicht nicht über gesunde Ernährung informieren. Aber ganzheitlich betrachtet gehört sie einfach dazu. Deshalb noch ein Überblick, wie eine gesunde, ausgewogene Ernährung aussehen sollte:

- Milch: Ein Viertelliter pro Tag, Milchprodukte und Käse;
- Eier: nicht mehr als zwei Stück pro Woche;
- Gemüse und Salate: zusammen täglich 300 Gramm, Obst: 150 Gramm;
- Fleisch, Geflügel und Wurst: 125 Gramm, aber nicht täglich;
- Fette: etwa 80 Gramm täglich, geteilt nach Streich-, Brat- und versteckten Fetten;
- Vollkornprodukte und Kartoffeln: etwa 300 Gramm täglich;
- Fisch und Fischerzeugnisse: einmal in der Woche;
- Getränke: zwei bis drei Liter am Tag.

Entspannung und Ernährung

In der Einleitung zu diesem Buch haben Sie viel darüber erfahren, was im Körper bei Stress geschieht. In Stresssituationen verbraucht der Körper Energien und Reserven, die anschließend auch wieder ersetzt werden müssen. Eine ausgewogene Ernährung, wie sie hier beschrieben wurde, erfüllt diese Funktion voll und ganz. Natürlich stellt sich so mancher die Frage, ob man nicht auch in der Ernährung selbst etwas gegen Stress und für die Entspannung tun kann. Ein echtes Anti-Stress- oder Entspannungs-Mineral ist das Magnesium. Es unterstützt in wundersamer Weise die Herztätigkeit, senkt den Biutdruck, hilft gegen Nervosität und bei Schlafstörungen. Es wurde eine Zeitlang als Wundermittel für gestresste Manager gehandelt und unterstützt in der Tat all die Funktionen des Körpers, die zur Entspannung beitragen können (siehe dazu auch Seite 218). Aber Magnesium allein macht es natürlich nicht aus.

Wichtig ist vor allem, dass die Ernährung den Körper nicht zusätzlich belastet, so dass der Organismus sich voll und ganz auf die Entspannung konzentrieren kann. So, wie ein »voller Magen nicht gern studiert«, so kann sich auch der Körper nicht entspannen, wenn er durch zu viel und zu fettes Essen belastet ist. Eine ausgewogene Ernährung ist deshalb eine gute Stress-Vorbeugung.

Aber bekanntlicherweise hat auch die Ernährung einen psychologischen Aspekt und nur wenige Menschen können sich vor einem Teller Rohkost und einem Kräutertee so richtig entspannen. Ausgeglichener ist die Seele der Gourmets (leider erst) nach einem raffinierten Fünfgängemenü. Ein Dilemma, denn der Körper kann sich bei vollem Magen nicht so gut entspannen und wohl gesättigt rafft sich wohl niemand auf, die Entspannungstechniken in diesem Buch nachzumachen. Was dann auch übrigens nicht gut wäre. Denn kurz nach einer ausgiebigen Mahlzeit ist keine der in diesem Buch beschriebenen Entspannungsweisen empfehlenswert. Kreislaufprobleme, Völlegefühl und Schläfrigkeit können die Folge sein – und die Entspannung beträgt gleich Null.

Also mein Tip: Entspannen Sie sich täglich ein paar Minuten und helfen Sie Ihrem Körper durch eine ausgewogene Ernährung – in die auch durchaus ab und zu ein Fünfgängemenü passt – mit Stress besser fertig zu werden.

Yin Yang Zeichen

Der Text dieses Buches entspricht den Regeln der neuen deutschen Rechtschreibung.

Auslieferung: Buch-Vertriebs-GmbH
Postfach
CH-8832 Wollerau

ISBN 3-8166-9874-3

Umschlaggestaltung: Elisabeth Berthauer
Titelbild: Fotoarchiv Wolfgang Reuninger, Randersacker
Zeichnungen: Gerhard Wawra, Wiesbaden: Seiten 29, 73, 77–92, 133–143, 198–204; Gisela Häring, Frankfurt a. M.: Seiten 110–111; Herbert Pohle, Taunusstein: alle übrigen
Layout: Petra Schwarzmann, Wiesbaden
Redaktion: Sylvia Winnewisser

Satz: FROMM MediaDesign GmbH, Selters/Ts.
Druck: Graphischer Großbetrieb Pößneck GmbH
Ein Mondruck-Betrieb

1999987497X7 2635 4453 6271